藍學堂

學習・奇趣・輕鬆讀

世界冠軍的高績效人生思考

用五步驟實現高效能，
幫你達成夢想、贏得人生下一局

HOW TO CHANGE YOUR LIFE

Five Steps to Achieving High Performance

傑克．漢佛瑞 Jake Humphrey
達米安．休斯 Damian Hughes 著
黃佳瑜 譯

謹以此書獻給世界各地的老師，

他們是能為下一代改變一切的無名英雄。

推薦序 》

運動對人生和職涯帶來的啟發

王詩婷 光田綜合醫院副執行長、仁馨樂活園區執行長
World Gym 獨立董事、CrossFit Ultilife 董事
台灣第一位完成世界六大馬拉松的女性

身為一位醫療/長照產業的領導者和決策者，很多人常會問我：每天在這麼高壓的環境下工作，背著這麼龐大的責任，到底要怎樣才能持續正向且樂觀？

因緣際會看到這本書，兩位作者傑克·漢佛瑞和達米安·休斯分別來自運動傳播、運動心理兩個領域，從運動文化的角度切入，試圖探究成功跟運動到底有什麼關聯？

之前看到一個研究發現，美國頂尖CEO中，有六八%曾在大學參加過運動校隊，其中二九%是田徑隊。還有一項數據統計更驚人：《財星》雜誌（*Fortune*）五百大CEO中有九五%曾是校隊運動員。而我自己早已經親身實證團隊運動和耐力運動帶來眾多好處，包含：規畫與自律、熱情、自我察覺能力，還有面對挫折的勇氣。運動對我人生歷程和職涯帶來的啟發，正好跟這本書提出的五大步驟、十個練習不謀而合，遙相呼應，包括：

「出發」：我二十九歲之前完全沒有在運動，但二〇一〇年與朋友參加台北富邦九公里路跑，開啟了我的熱血跑者歲月，一年十幾場國內外賽事，總共跑了將近九十場。這些參賽經歷不但為我帶來全新體驗和難忘回憶，更可貴的是馬拉松完全改變了我的人生態度。

「自律」：馬拉松距離是四二．一九五公里，若沒有扎實訓練，賽事當天會很痛苦也很危險。賽前四到五個月的訓練，每天有不同的課表，週跑量從四十到一百公里，無論多累，心情多差，外面天氣是悶熱或下大雨，都需要咬著牙去訓練。就像跑步圈流行的一句雞湯名言：「只有累積，沒有奇蹟」，賽事當天的成績，真實反映的就是你日常訓練的累積，靠的是純粹的自律與堅持。

場景換到職場，身為一個決策領導者，自律更是一大關鍵。Everything starts with you（一切從你開始），早睡早起，每天看書，每天寫日記，每天運動，每天曬太陽，每天反思並具體寫出組織的改革或推進策略，這些都是靠自律。一個決策領導者需首先要擁有對自己的生活與工作的自律，才能好好帶領團隊，才可成為組織或企業體的 role model（榜樣）。

「勇氣」：慢跑第七年後，我開始玩三鐵，單純為了克服最大的恐懼——在開放水域游泳。英文有一句話 It's all in your head（全都只在你的腦海裡），因為這些恐懼與焦慮都在你腦海裡，你告訴你自己可以，一次一次跟自己對話，每一次比上一次不怕。從那之後，面對很多恐懼的情境，我都會先跟自己對話：it's all in your head, you can do it，牙一咬就過去了。

「韌性」：二〇一九年我一個人去騎車，卻因莫名摔車住進加護病房兩週，出院時醫師叮囑我要在家裡休息兩個月，不能工作，不能運動。我突然覺得憂鬱上身，於是開始寫日記，至今沒有停過，將近兩千天。我也是那時候開始研究腦傷，也發現台灣資源缺乏，因此決定設立病友資源網站，成立臉書病友會，如今也在醫院中提供腦傷特診。

因為自己也是馬拉松愛好者，我相信許多跑友在讀完這本書之後，也跟我一樣有高度共鳴。其實不管你是不是跑者，又或者你若是運動小白，如果你人生有想要達到的目標（減肥？存錢？創業？升官？）但一直無法突破，這本書會是一個很棒的引導，作者們提供很有邏輯性的反思及規畫步驟，讓你透過系統練習去探索你的興趣、專長、弱點，只要一一發掘和突破，便能邁向目標，享受人生成就解鎖的美好。

推薦序

與選手一起，不斷學習

吳憲紘 全國花園鄉村俱樂部總經理

每個人都在尋求建立自己的事業，我置身休閒運動產業二十年，認識了很多傑出的運動員、企業家，每個見面的機會，都帶給我不同角度的思考方式，幫助我成長。

一開始進入到高爾夫球產業的時候，我並不懂這個行業，從長輩引見資源開始，頭幾年我每年到美國進修，再將新資訊引進台灣，看到球場一點一滴改變，自己開始有信心。這個過程中，我幫自己設定第一個十年的目標，希望把球場帶到一個高度，隨著生意的成長，開始接觸到接辦職業比賽，又是另一個階段的開始。

閱讀《世界冠軍的高績效人生思考》的時候，有如在檢閱過去這幾年走過的路，畫面不斷浮現出來，讓我反思、比對自己做過那些有益產業的事？在接觸職業比賽的過去幾年中，公司承辦過二十場國內外男子、女子的職業賽事，接觸到每場比賽的冠軍選手，我不斷地從他們的經驗中學習，為何他們可以贏？成為冠軍選手是一件很專業的事，需要有好的團隊，教練、體能訓練師、復健師缺一不可，也必須有效率的訓練、高度的自律和心理狀態的管理。體育競賽就如做生意一樣，要贏！在高爾夫賽事中，更殘酷的現實是Winner takes all!（贏者全拿），國際賽事更是如此。

我意識到，台灣未來需要更多好的選手，這個想法帶我進入了第二個十年的工作目標，全心投入高爾夫青少年業餘選手。因此，創立了未來之星高爾夫協會，開始有了自己的巡迴賽事，希望把我看到的分享給未來的選手，以及他們身邊最重要的助力，也就是家人。

不斷的學習、精進，透過知識，正確的認識問題，了解自身的狀況，進而設定目標，透過基本扎實的重複性練習，找出一點差別，去蕪存菁。這是每個成功選手的必經過程，也跟經營公司邏輯是一樣的，每完成一個階段性任務，我們就會被賦予下一個新工作。

汲取新知識，提出自己的想法，找到能支持自己並共同成長、互相勉勵的夥伴，也是本書中提及非常重要的環節。因為在成功之前，我們身邊難免會有很多負面的聲音，告訴你不可能，要勸退你，形成極大的精神壓力，往往會讓成功之路更困難。

不論是運動員、企業家或是身邊的夥伴，都建議閱讀這本書，從中學習高效的方法，學習如何找到方向，往下一個階段前進。

推薦序》

成功的人，往往是那些相信自己會成功的人

張榮斌 臨床心理師

我的人生曾經有過一段混沌的歲月，我整日無所事事，只會成群結黨胡搞瞎搞，那時候的我根本不知道以後的我會是什麼樣子。甚至，我很討厭看見成功的同學或朋友，不是因為他們為人不好，而是因為當他們站在我面前，我會自慚形穢，覺得自己不如他們，覺得自己是個失敗者，只要少跟他們接觸，我就可以假裝一切都好，一切都很順遂。

可是就這樣過了許多個日子，我發現自己一點長進都沒有，甚至忘記自己曾經有過一些不錯的經驗。

也許是嫉妒心，也許是不甘心，我偷偷去關注那些成功的同學。我發現他們總是懷抱著夢想，勇於表達自己的目標，有人剛開使接觸三鐵運動就說自己的目標是完成二二六公里，有人剛開始跑步就決定要完成鎮西堡一百公里馬拉松，有人剛開始在心理治療領域發展就決定要成

立最優秀的心理治療所……，許多夢想都是我不敢輕易想像甚至去嘗試的，我害怕失敗或被嘲笑，而不與人討論自己的夢想，甚至連做夢的勇氣都不見了。

而那些成功的朋友們，不只敢懷抱夢想，他們不斷地在規畫自己追求夢想的道路。想要完成百K超馬或二二六的朋友，會早早規畫好自己一個月甚至三個月的練習計畫，然後一步步實踐；想要成立最優秀心理治療所的朋友則努力學習各種技能，除了心理治療本身的技能之外，還學習了會計、管理、經濟等學問，甚至積極積累廣闊的人脈。哇！我們通常只會羨慕、嫉妒別人的成功，卻很少去注意別人的積累與付出。

當然，不是有規畫就一定會成功。那些成功的朋友也曾面臨受傷、意外而影響練習進度，也有人遭遇感情問題或投資失利而暫時中止計畫，但只要目標在，那些挫折都只是達成目標前的小插曲，只要度過這些難關，會換來更有彈性與強壯的心智。是呀！我怎麼沒想過困難、挫折只是成功前的小插曲，甚至可以成為養分呀！

最後，這些曲折的步伐與累積，會帶著我們抵達成功。

我一直以為成功人士都帶著「教會徒弟，餓死師傅」的心態，不會把自己成功的經驗輕易分享給別人。但當我敞開心胸去觀察這些人時才發現，他們比誰都更願意去分享自己的成敗故事，因為在每一次的分享中，他們可以重新檢視自己的經歷並修正，在分享的過程中更清楚自己經驗的價值，也因此更知道如何去複製自己的成功經歷。不是他們不分享，而是那些故步自封的人，不願意去傾聽或理解這些寶貴的經驗與知識。所以，在我開始仿效那些成功的朋友之後，我的人生開始有了各種變化。

我人生的轉機不只是邊緣青少年變成大學生，不只是體育系學生變成臨床心理師……，我還透過我觀察以及人生的實踐經驗中，得知了如何讓人生高績效的方法，我想分享給大家，讓大家可以抓準目標，築夢踏實，化一切苦難為力量，最終站在成功的終點，並不斷複製各種成功。這也是這本書想告訴大家的。

推薦序

重整自動化思維，迎向高效的生活步伐

黃之盈 諮商心理師

「當你停止前進，不是站在原地，終究會倒退。」如果你想要高效的人生，千萬別輕忽每一個選擇和行動！在二〇二四年底，我們一起經歷法國奧運場上台灣選手戰出亮眼成績，更在年末台灣隊在職棒賽事中獲得冠軍，全台沸騰！

到底，持續高效該如何做到？這本書由英國高人氣體育主播傑克・漢佛瑞和心理學家教授達米安・休斯，共同訪談傑出的企業家、教練、運動員，告訴我們人生高效的祕密，更提出高效的驅動引擎。書中提及，首先我們得將狀況拉出第三視角「建立全面視野」，跳脫給自己挖的坑，幫助自己針對問題、評估問題並重新導向。因為，馬克・吐溫也曾說：「歷史不會重演，但常會押韻。」當我們知道自己是陷入哪一種心態偏差，正先需要慢速提問的能力，這些觀點跟心理諮商學派現實治療法不謀而合。

現實治療學派創始人精神科醫師威廉・葛拉瑟（William Glasser）曾說：「沒有人可以讓我們悽慘落魄，更沒有人會讓你功成名就，行動和結果，都來自於我們的選擇。」他提出內在控制的人生，將會引領我們在關注圈和影響圈中，選擇我們可以掌握的部分進行努力，排除掉無關緊要或者我們無法控制的部分，給予自己一些喘息！努力的目標，正服膺內在的五大需求，五大需求包含：生存、權力、愛與隸屬、自由、樂趣，這五大驅動原動力比重，將影響我們一開始的動機，且會不斷驅使著我們往目標前進。

書中正好將高效形容為一輛車體，除了設計良好的車身之外，包括四個輪胎的協助和滾動，這正與現實治療取向不謀而合！在現實治療理論中，提及最重要的引擎來自於「需求」和「已達成的畫面」（如果我完成了，我會變得如何？如果我抵達了，我的日子會變怎樣？），當引擎的原動力越高，越容易承受壓力和挫敗，再戰一輪，越挫越勇。然而，車輛的前兩輪正是每個人的「行動」和「想法」，這兩輪對於行動的驅使至關重要，前兩輪引領方向和帶動動力，後兩輪則是「情緒」和「生理狀態」，即便有緊張、害怕、挫折或沮喪的心情，但前輪負責信念和行動，前輪持續往前邁進，則可帶動後輪有不同的結果，車子依然可以在賽道上奔馳，重新選擇邁向絕佳路徑，正符合轉念抗壓且創造下一個熱血的故事，讓人生持續在自己的賽道上奔馳。

然而，贏得世界盃的橄欖球教練克萊夫・伍德沃德爵士（Sir Clive Woodward）曾說：「成功不會以直線發生。」每一個今天活出的樣貌，都會琢磨出每一個明天，明天始於我們的腳下，我們可以選擇以積極的問句，幫助我們往前導向，遇到的問題也較容易做到解決，永遠將注意力放在我們可以掌握，可自我控制的影響圈，而非所有可能影響我們判斷的關注圈，當我們跟自己說的每一句話都問問自己：「這句話對我的幫助是什麼？」「一分到十分，對我的影響如何？」「狀況持續下去會變成怎樣？」「我想要什麼？該怎麼抵達有效？」這些在現實治療中的評量性問句，都正是幫助我們日子高效往前邁進前，重要的停留！

書中教我們許多免於「自我耗能」的提問，真實的狀況是怎麼樣？這樣做對你想要的有幫助嗎？你怪罪有人偷走你的氧氣罐，但有證據嗎？當我們聚焦能量在自我消耗，很快地就會發現抵消的力道會變大，讓你更裹足不前。但我們可以選擇將注意力放在明智判斷的積極自我對話，讓往前邁進的每一步都輕盈，希望你也開卷有益，在書中找到自己輕盈的步伐，邁向你的高效之路！

世界冠軍的高績效人生思考

目錄》

推薦序》

前言》

第1步≫夢想

第2步≫躍進

第3步》戰鬥

第4步》爬升

第5步》抵達

我們永遠可以改變。

前言 » 旅程與地圖

傑克

我不敢相信我聽到的。

「我們舉辦這場盛會，是為了回報忠誠人員，」一位資深同事在電話那頭說，「而你並不忠心。」結果，我被他們從享有盛譽的年度體壇風雲人物獎（Sports Personality of the Year）主持團隊除名。

那是二〇一二年，我剛度過職業生涯最輝煌的一年。那年夏天稍早，我用一個月在倫敦奧運會上見證一個又一個紀錄被打破，我還花了好幾星期在波蘭和烏克蘭巡迴報導二〇一二年歐洲足球錦標賽，我甚至周遊世界，主持我在BBC極受歡迎的一級方程式賽車的第四季報導。體育賽事很精彩，我的事業很順利，生活很美好。

只是當時的感覺不太美好，我和那位高階主管的談話，只是一連串艱難對話中的最近一次。我被直白地告知，情況即將發生變化，事情始於我和一位上級的一通尷尬電話（我：「我很感謝您為我做的一切，也希望這扇門能繼續為我敞開。」對方：「我們恐怕要關門了。」——電話隨即斷線）。

不久後，我被召見到BBC旗艦晚間節目《第一秀》（*The One Show*，暫譯）一位高層的辦公室，我剛主持完這個節目，樂在其中，但是下節目後，那位主管立刻把我拉進辦公室，告訴我這星期之後我就不必回來了。那是我最後一次主持這個節目。

十一年來的打拚——從兒童節目到播報黃金時段的體育賽事到威廉和凱特的婚禮——感覺彷彿瞬間化為烏有。

為什麼會這樣？嗯，一切從我和妻子哈麗葉發現我們即將迎來一個寶寶開始說起。我們欣喜若狂，但我們一直都知道，孩子的到來必將改變我的職涯。我在BBC播報一級方程式賽事的工作經常需要全世界到處跑，我太太越來越受不了我長時間不在家。她說，「我嫁給你，不是為了讓你搬去跟大衛・庫塔（David Coulthard，編按：前一級方程式賽車車手）住在一起。」

於是我開始尋找減少出差的藉口。不久後，一位守護天使拯救了我，他是阿森納兵工廠足球俱樂部（Arsenal）傳奇球星馬丁・基翁（Martin Keown），意外降臨在我面前。「我有一個在BT（英國電信）工作的朋友問我認不認識你，」一天，馬丁在我們一起工作時對我說，「看來，她有個機會給你。」幾星期後，我與他在BT的熟人會見。他們剛剛斥資七億多英鎊取得英格蘭超級足球聯賽的轉播權，希望我為他們的新體育頻道領軍。

經過一段偶爾稱得上痛苦的內心掙扎，我發現這個邀約實在好到令人無法抗拒。這份工作提供了我想要的一切，較少出差、難得的主持足球賽事直播的機會，以及畢生難逢的從零開始推出新電視頻道的契機。另一方面，我不得不告別我深愛的BBC。我從二十三歲就在這個地方工作，剛來的時候，除了幾科不及格的高級會考成績，以及在地方電視台的一些不怎麼相關的經驗之外，我一無所有。BBC給了我一切。

幸運的是，BT好心地允許我繼續兼作老東家的一些工作，這樣我就不用跟他們一刀兩斷，從此老死不相往來，對吧？錯了，這是我此刻學到的慘痛教訓。

就很多方面而言，我理解BBC的反應，我既已選擇離開，就必須承受後果。但是那很痛苦，在接下來的幾星期和幾個月，我開始擔心自己犯了一個巨大的錯誤。最早的時候，我參加了一場會議，討論BT創立的BT體育台新頻道的樣貌，該頻道全體員工都將出席這場會議。我出身BBC，習慣了數百名員工一起聆聽高層主管講話的大型會議，當我來到BT總部，發現大會議室裡只有另外五名人員。我離開了英國歷史最悠久、地位最崇高的電視台，從一家擁有數萬名員工的公司，轉而加入一個約六人的團隊。沒有攝影棚、沒有製片辦公室、沒有歷史，只有很大的野心和很濃的咖啡。

我已經很忐忑不安了，幾星期後，我參加一場頒獎典禮，一位備受敬重的業界大佬走過來坐在我身旁，進一步加劇了我的焦慮。他說，「你八成嚇到屁滾尿流了吧。」

「怎麼說？」我天真地回答。

「哎呀，BT為了足球花了將近十億英鎊，現在全都指望你的表現了。祝你好運！」他熱情地笑一笑，拍拍我的背，然後信步走進人群。

不過，短短幾個月之內，BT體育台明顯往好的方向發展，業務蒸蒸日上。人手很快從六人增加到十人，然後是二十人，甚至更多。他們全都非常出色，創意無窮、工作認真、相處起來充滿樂趣。他們的才華很快就有所展現，一開始，我們在埃斯特利製片廠（Elstree Studios）的星際大戰攝影棚拍攝了一支大型電視廣告，讓人們一窺這家公司的雄心壯志。果然，接下來不到幾個月的時間，BT體育台就徹底改變了商業體育節目的播出方式，我主持了英格蘭足總盃決賽、大型英超聯賽、歐洲冠軍聯賽，甚至連我那位意料之外的守護天使馬丁．基翁都加入這個頻道。

這是我在事業生涯中跨出的最大一步，我的信心曾出現巨大動搖，然而事情最終得到了回報。這段經歷刺激我開始思考，我很快發現我每次放手一搏都得到一些價值。我放手一搏，在沒有工作的情況下搬到倫敦尋找電視台的差事；我放手一搏，挑戰成為一級方程式賽車的播報員；我放手一搏，創立自己的製作公司 Whisper Group。而現在，我放手一搏，離開了BBC。

我還可以在哪些事情上放手一搏，來提升我的事業、我的興趣嗜好、我的人際關係……我的人生？

沒多久，我發現自己著迷於這個想法：知道如何——以及何時——改變，是我在生活各個領域成功的關鍵。我開始以「不要把自己的信念看得太重」這句話做為人生信條，切勿一成不變是我唯一不變的原則。在這過程中，我明白了一個深刻的道理。改變不應該只是我們在事情出錯時的反應，改變應該是我們為了確保事情走上正軌而採取的行動。

問題是，從來沒有人教你如何改變。改變其實會令我們本能地感到不安，在我三十多年的人生中，未曾有人向我展示高效能人士如何透過尋求改變來挑戰自己，以便實現他們在體育、商業和生活中的潛能。我學到一個殘酷的事實：沒有人教過我們如何改變，我們必須自己學習。

多年來，這個道理對我的指引勝過其餘一切，直到今天仍然指引著我。在BT體育台工作了十年之後，我現在以一名前員工的身分寫下這些文字，我離開了。我焦慮嗎？當然，這是我踏出校園之後，第一次沒有一份正式的工作。但這些年來，我學到了一件顯而易見但很強大的事情：**當你停止前進，不是站在原地，終究會倒退**。

我現在知道，如果我們想要成功——真正的成功——我們需要學會改變。而如果有一個人比其他任何人更能教會我這一點，那就是我的朋友、共同主持人兼導師，達米安．休斯教授。

達米安

我坐在大會議室的桌邊，觀察同事們對壞消息的反應。問題出在我們的人造奶油在非洲和中東的業務上，上一季我們的銷售額下跌了五個百分點。

我在大橡木桌旁來回張望，想看看大家會如何應對。大部分同事都比我年長，經驗也比我豐富得多，他們都露出喪氣的表情，有些人甚至如喪考妣。但是，當銷售成績不佳的震驚逐漸消退，他們開始熱烈討論如何才能最好地扭轉令人憂心的下跌趨勢，慢慢地，話題逐漸聚焦於可能的解決方案。

我很快發現一個模式。這些魅力十足且成功的高階主管會輪番表達他們對這次挫敗的失望，然後依靠自己的所有創意和得之不易的市場知識，各自提出一套創新方案來處理這個問題。當我觀察每位高階主管發表自己的看法，我的內心漸漸升起一個可怕的覺悟：或遲或早，總有輪到我發言的時候。

我的麻煩就在這裡。因為，在我思索還能說些什麼的時候，我突然頓悟到——我根本不在乎。一丁點兒都不在乎，我的心裡沒有一絲一毫認為這次討論有任何意義，我壓根不在乎那些人造奶油。

「達米安，你有什麼看法？」

我打起精神，發現有十幾雙眼睛盯著我的方向，禮貌地等待我的意見。

「顯然，這個消息把我嚇壞了。」我憂心忡忡地搖搖頭。「不過，對於如何遏止頹勢，我確實有一些想法……」

那天晚上，我回到家，以多年來前所未有的清晰眼光審視鏡中的自己。幾個鐘頭前，那個強迫我編出人造奶油相關商業術語的內心聲音，現在聽起來既惡毒又無情，我為自己有如騙子的行為感到羞恥（這種事你還得再做三十年，你這個白癡）。我很氣惱，因為我允許自己被沒有人生意義的野心蒙蔽（你背叛了自己。你出賣夢想換來了什麼？一個好聽的職銜和一份退休金？）最重要的是，我不明白自己究竟怎麼走到了這一步。

我從小在拳擊館長大，特別喜歡那些強調團結互助的環境，尤其是讓每個人都感受到被重視、能充分發揮潛力的文化。一開始，這引導我走上一條約略可以描述為「教練」的職業道路：幫助各行各業和各個領域的領導者建立有助於人們成長的文化。

隨著時間的推移，我順勢將重心轉向企業文化，進而在企業界得到一份工作。我之前對這個領域毫無經驗，但是在不知不覺間，我慢慢被它提供的安逸誘惑，穩定的薪水、公司配車、商務艙班機，我對這些東西留下深刻印象，然後蒙蔽了我，我不自覺地開始相信攀登企業階梯代表著真正的成功。

直到那天在大會議室裡。那天下午，我終於一頭撞上了著名的「彼得原理」（Peter principle，譯注：在組織當中每位員工都將升遷到他無法勝任的職位為止。）：第一次升到無法勝任的級別時，我就知道自己走錯路了。我現在明白那個古老笑話，說會議「記錄了每分每秒的內容，卻浪費了數小時的時間」。我被困在沒完沒了的會議，討論其他人可以如何去做我熱愛的那種工作。

我在隨後的不眠之夜下定決心改變現狀。

隨之而來的是許許多多誠實——有時甚至不舒服的——自我反省。我鼓起勇氣在幾星期後正式辭職，在那之前，我心裡早已辭去了這個角色。那段時間裡，我開始尋找新的道路，我想要一個新角色、新事業、新生活，但我得花一點時間才能找到方向。行動之前，我需要知道即將到來的改變會把我帶往何處，我需要知道我會走向何方。

畫出地圖

我們花了一點時間，但我們倆最終都找到了自己的道路。這些日子以來，我們兩位作者為了《高效能》（*High Performance*）podcast 節目，大部分時間都用來與傑出人士會面，努力鑽研他們能教給我們的功課。一路走來，我們偶然發現一些答案，回答我們倆都曾有過的一個大哉問：**人們如何改變他們的人生？**

我們找到的答案出奇簡單。在 podcast 上，我們喜歡把高效能形容為一輛賽車，它看起來複雜無比，但事實上它不過是一些簡單零件的組合：高效率的引擎、設計精良的車身、四個滑順的輪胎，如果你能把這些基本元件掌握好，車子很快就能在賽道上飛馳。

在我們的上一本書《世界冠軍教我的8堂高效能課》（*High Performance*）中，我們介紹構成這輛賽車的所有零件，探討高效能人士用來為自己的處境承擔責任的心理習慣，他們為了在壓力下發揮績效採取的不容妥協的行為，和他們領導他人的方法。

但我們當時的重點在於如何打造這輛車，而不是把它開去哪裡。我們沒有嘗試細述髮夾彎、S形彎道，或者你可以真正狂踩油門的直線車道。我們沒有告訴你展開旅程的最佳時機、卡住時該怎麼辦，或者如何判斷你是否已接近最終目標。

於是就出現了這本書，它將明確告訴你如何從現在的位置到達你想去的地方，它就是你的高性能汽車置物箱裡的那本車主百科手冊。

我們從一個簡單的假設出發：每個人都想改變生活中的某件事情，無論這件事多麼微小。也許只是學習如何把自己的業餘愛好做到極致（事實上，我們最喜歡的一封聽眾來信之一，是她告訴我們，她一直在利用我們的節目提升她的編織技巧），也許是找一份新工作或改善人際關係，也許是從頭開始重建整個人生那樣的劇烈改變。

但無論如何，我們希望這本書能提供一套工具來幫助你啟動引擎，開始前往你想去的地方。高效能是一段旅程，這本書就是你的路線圖。

改變人生的五大步驟

這一切帶出了一個顯而易見的問題。一本書想必不可能成為萬用指南，為每一個想要改變的人——無論他們的處境如何——提供指引吧？畢竟每個人的情況都有所不同，況且要預測任何人的人生接下來會走向哪裡，也幾乎是不可能的事。正如贏得世界盃的橄欖球教練克萊夫．伍德沃德爵士（Sir Clive Woodward）所說：「**成功不會以直線發生**。」

而且你是對的：世界上並沒有一套放之四海而皆準的指南來改變你的生活，每一個人會遇到的每一個情況都不一樣。

但是，馬克．吐溫也曾說：「歷史不會重演，但常會押韻。」他到底在說什麼？為了回答這個問題，我們製作了一個簡單的測驗。以下這段文字是關於我們的一位受訪者，請仔細閱讀，因為最後要考試：

X落入了窠臼。他的工作表現沒有達到自己的預期，這讓他情緒低落，一段時間後，他開始思考：假如我做出一個巨大且戲劇性的改變會怎麼樣？他終於再也無法忍受，因而向未知的世界邁出可怕而大膽的一步。不出所料，事情極其不順。他面臨一次又一次的挫敗，甚至開始後悔當初貿然行動。

但隨著時間推移，他開始看到一些跡象，顯示新的人生比從前更有價值——而且他也學到了從來沒想像過能擁有的技能。最後，他發現自己進入一個全新的境界，這個境界如此令人滿足，讓他想與認識的每一個人分享他學到的一切。

問題一：這段文字描述的是誰？

A 班．法蘭西斯（Ben Francis）：價值十億英鎊的運動服飾公司 Gymshark 的創辦人，因為缺乏必要經驗而從執行長的職位下台。結果，他花了五年時間培養合適的技能，幾年之後凱旋歸來。

B 艾莉絲．史考特（Alex Scott）：英格蘭足球員，她認識的每個人都告訴她絕對不該轉投效美國女子足球聯盟。結果，她出乎意料地運用她在波士頓學到的一切做為跳板，在國際足壇開啟了破紀錄的職業生涯。

C 泰森．福瑞（Tyson Fury）：這位世界一流的拳擊手曾罹患令人衰弱的憂鬱症，並陷入糟糕的體能狀態。他在停賽三年後復出，重新奪回世界重量級拳王的地位。

你是個聰明人，所以很可能知道這是一道陷阱題，事實上，這個故事描述了上述的每一位高效能人士。他們各自夢想著新生活：重返執行長職位、成為英格蘭足球員、奪回世界冠軍寶座。他們各自克服了重重障礙：經驗不足、潑冷水的同事、心理疾患。然後，他們各自成了當代的傳奇人物：絕無僅有的班．法蘭西斯、艾莉絲．史考特和泰森．福瑞。

而且不僅僅是這三個人，過去幾年來，我們漸漸發現幾乎所有高效能人士的故事，從橄欖球運動員到青少年企業家再到政治策略家，全都遵循著這樣的軌跡。他們做出的改變各不相同，但旅程卻極其相似。

我們也不是最早發現這一點的人。一九四九年，美國文學教授喬瑟夫．坎伯（Joseph Campbell）出版了一本名為《千面英雄》（*The Hero with a Thousand Faces*）的書。[1]坎伯注意到，有多到不尋常的文學作品訴說著相同的故事，故事的主角看似普通、出身平凡，卻被「召喚去行動」。這位年輕英雄從他單調的小世界旅行到一個「超自然的奇妙之地」，遇見神奇的力量，得到各式各樣的幫手，贏得了偉大的勝利，然後返鄉「造福」鄉里，類似的故事還有電影《星際大戰》中的天行者路克，或《哈比人》中的比爾博．巴金斯，或《飢餓遊戲》中的凱妮絲．艾佛丁。坎伯把這樣的故事稱為「單一神話」（monomyth）。

根據全球頂尖溝通專家南西．杜爾特（Nancy Duarte）所言，[2]這是支撐人類理解任何改變過程的基本故事。任何人想從某個「此處」達到「彼處」，都必須經過以下五步驟：

一、夢想。你開始想像一個比當前現實更美好的未來，這個夢想必須能讓你感到興奮並充滿激情。

二、躍進。你決心採取一系列特定行動和作為，朝夢想生活邁出第一步。

三、戰鬥。你會經歷一些困難，也許還有一些痛苦。這些障礙是顯示你走在正確道路上的跡象，也是旅程的一部分，而不是需要避開的事情。

四、爬升。你開始見到「進步的種籽」，能帶領你走向最終目標的一些小小勝利。

五、抵達。你抵達目的地——但目的地並不是終點，改變是一個持續的過程，所以你現在要從頭開始，回到第一步。

受到南西．杜爾特和喬瑟夫．坎伯、班．法蘭西斯和艾莉絲．史考特，以及比爾博．巴金斯和凱妮絲．艾佛丁啟發，我們以這五個步驟做為本書的架構。首先，我們說明如何**夢想**新的人生，並往前**躍進**一步，我們將探討如何找出你真正想要改變的是生活中的哪些層面（情況很少是你想的那樣），我們將研究如何為你的改變之旅奠定基礎，將重點放在我們所處的環境如何左右我們躍入未知世界的成就。

接下來，我們將檢驗**戰鬥**和**爬升**階段。我們將分析人們在改變之路上遇到的三個最大障礙，以及如何重新詮釋確實發生的挫折，免得它們讓你完全偏離正軌。我們還將揭示如何將一次性的行為轉變為可靠的系統，藉此支撐自己走完通往成功的漫長旅途，登上顛峰。

最後，我們將探討**抵達**時該做什麼。這一刻可能令人狂喜，但也可能很危險。我們將告訴你如何避免在達成目標後變得驕矜自滿，以及如何尋找下一個旅程——將單一改變轉變為持續改進的過程。

改變各有不同，但所有改變都遵循著同樣的道路，一條已有千萬人走過的道路。你不是改變生活的第一人，也不會是最後一人。

成為不同的「你」的漫漫長路

距離那兩個無比重要的下午，傑克辭去ＢＢＣ的工作，達米安編出關於人造奶油的一些偏激觀點，許多年過去了，時間久得令人心頭一驚。在那之後的幾年裡，生活將我們帶往截然不同的方向，但我們最終都交出了優異成績。在不知不覺間，我們讀著同一張地圖，走上了同一條道路。

事情並非總是輕鬆順利。達米安並不懷念那間大會議室，傑克當然也不希望再次被ＢＢＣ辭退。但這段旅程確實為我們兩人上了重要的一課：無論你陷入多深的泥淖，無論現狀已持續多長時間，無論你多麼沮喪，我們永遠可以做出改變。

傑克在離開BBC時學到了這一課，達米安則是在向老闆坦承他其實對植物性奶油興趣缺缺時明白了這一點，我們並不孤單。如果說我們在為podcast節目進行的數百小時訪談過程中發現了什麼，那就是每個人——從身家數十億的企業創辦人、世界級教練到破紀錄的運動員——都有過這樣的時刻。我們都會有覺得事情不太對勁的時候，我們都會有陷入窠臼的時候，我們都會有被生活要求做出改變的時候。要達到高效能，關鍵在於我們如何回應。

準備好了嗎？那就開始吧。

第 *1* 步

夢想

每個改變都始於夢想。

要夢想新的生活，
你首先必須了解現在的生活。

第1課 » 你的問題出在哪裡？

四十名神采奕奕的學生擠在兩張大桌子旁，桌上堆滿了各種物品：一串葡萄、一支銅管喇叭和一個玻璃稜鏡。老師的指令很簡單：從桌上挑選幾樣物品，回到自己的畫架前，畫一幅靜物畫。這些二十多歲的學生是一群有才華的人。這裡是極具聲望的芝加哥藝術學院，全美最著名的美術學院之一，這些人都是四年級生，即將成為美國最耀眼的年輕藝術家。正當學生們在桌邊熙熙攘攘，兩個男人站在隱蔽的角落記錄他們的行為，並密切觀察他們的畫作。

這個案例聽起來可能像是任何一次尋常的畢業考試，事實上，這次的情況比較特殊。因為邀請學生創作靜物畫的老師不是美術教授，而是全球最著名的心理學家之一，他對畫作本身的藝術性並不感興趣，他感興趣的是一個更宏大的主題：人類創造力的本質。

當時是一九六〇年代，主持這項研究的米哈里．契克森米哈伊（Mihaly Csikszentmihalyi）

已經展開他著名的「心流狀態」（flow state）研究——心流是當創意工作變得輕鬆快活時的那種稀有的感覺。[1] 他與芝加哥大學的同事雅各・葛佐斯（Jacob Getzels）合作設計了這項新研究，試圖釐清如何誘發心流狀態。[2]

契克森米哈伊不太在意繪畫的時間長短，反而對學生從桌上挑選物品所花的時間更感興趣，這些畫家的作法各異其趣。經常探討動機相關議題的丹尼爾・品克（Daniel Pink）後來寫道：「有些人只看了少數幾樣東西，很快在腦中勾勒出藍圖，然後立刻動手作畫。也有些人慢條斯理，東摸摸西摸摸，把物品翻來覆去，重新排列好幾次，需要更長時間來完成這幅畫。」[3]

在契克森米哈伊看來，那些快速選擇的人立即決定解決一個具體的問題，那就是：如何畫出一幅好畫？而那些不慌不忙嘗試多種不同排列的人，則是在積極尋找需要解決的問題：畫什麼會是一次迷人的挑戰？

契克森米哈伊對哪種作法能帶來更高品質的藝術感到好奇。因此在繪畫課結束時，他安排展出學生的最後畫作，並請來一群藝術專家對這些作品進行評估和鑑賞。專家的看法一致：創造出最佳作品的學生並非那些一頭栽進作畫的人，也不是繪畫技巧最高的人，他們是那些花時間在桌前慢慢思考，用心琢磨眼前事物的人：問題發現者。

這一刻標誌著一項持續數十年的研究計畫的開端。十年後，契克森米哈伊和葛佐斯追蹤同一群藝術家，發現那些仍在創作藝術的人都有一個共同點：他們幾乎都是十年前被認定的問題發現者。相較之下，大多數的問題解決者都放棄了他們的藝術抱負。又過了十年，進一步的後續調查發現，最傾向於尋找問題的藝術家，持續比那些更注重解決問題的同學更成功。契克森米哈伊和葛佐斯的結論簡單明瞭：「發現問題的品質，預示著解決方案的品質。」[4]

這個觀點始終貫穿在我們對高效能人士所做的採訪中。我們不斷發現，改變生活的第一步是對未來提出一個新的願景，去夢想另一種生活方式。每個改變都始於夢想，但是，最好的夢想家並不是那些不假思索地想像另一種生活的人，**夢想家會花時間慢慢、審慎地思考當前面對的問題**。他們會問：究竟是什麼讓我不開心？是什麼阻礙我達成目標？他們是問題發現者。

發現問題不僅與解決問題同樣重要，甚至可說更加重要。要夢想新的生活，你首先必須了解現在的生活。

探索你的問題

路易斯・摩根（Lewis Morgan）似乎很緊張。

我們置身在伯明罕市政廳大會堂後台，這座城市是路易斯・摩根的家鄉，他是英國運動品牌 Gymshark 極具魅力的共同創辦人，也是英國成長最快的品牌 AYBL 的董事長。不過摩根近鄉情怯，當我們等著上台面對熱情的群眾時，摩根轉過身來坦白承認：「我不確定該說些什麼，我打算即興發揮。」

但是一走上舞台，摩根的緊張似乎立刻煙消雲散，看上去完全得心應手。一個天生的演說家，雙手有如樂團指揮家似地揮舞著，壓根看不出是在即興發揮。

關於尋找問題，摩根即將向我們展示所見過最有力量的見解。他在 Gymshark 的工作經歷非常傑出，二〇一二年，他以二十歲之齡與合夥人共同創辦這家運動服裝公司，隨後將公司發展成一家價值四億英鎊的企業，到了三十歲時，他已被譽為這一代最成功的企業家之一。在我們看來，他的成功不僅出於他的努力、天賦或甚至運氣，也出於他面對問題的方式。

我們向摩根請教他的成功祕訣，他說關鍵在於能夠客觀處理狀況，不帶任何先入為主的成見。「正是我們不斷鑽進兔子洞的好奇心，帶領我們走到了最終能賺錢的地方，」他向我們訴說早年與合夥人班．法蘭西斯一起工作的經歷，「我也許書讀得最少，但**當我看到一個好點子，我會放膽去探索**。」

我們思忖，這話說來簡單，但他要怎麼證明？我們給他一個考驗，問他如何拿一百英鎊賺來翻倍的錢。大多數人或許會說把錢投資在股票上，或者借給別人收取利息，摩根則不然。「我會買很多不同的東西，例如高爾夫手套、舊家具，然後賣掉它們，」他說。「每天有多少人免費送出他們懶得處理沙發？我會收下它，然後用二十英鎊賣掉。」

摩根的答案不僅極具創意，還提示了找到真正問題的第一個方法。我們太多人以預設的解決方法處理我們遇到的問題：如何把一百英鎊變成一千英鎊、如何改變事業生涯、如何改變我們的人生。我們透過固定的鏡頭看世界，從不摘下來。

這些先入為主的預設以我們幾乎沒有意識到的方式影響我們的思維，思考一下史丹福大學的一篇論文。科學家招募了一群志願者，把他們分成兩組：「打節拍者」和「聆聽者」，打節拍者收到一份歌單，裡頭有二十五首著名樂曲，如〈生日快樂歌〉和〈洋基歌〉（Yankee Doodle Dandy），然後要挑出一首歌，打拍子給聆聽者聽，猜出歌名。開始之前，每位打節拍者都被問了一個問題：聆聽者能猜中幾首歌？他們預測會猜中一半以上。[5]

實際情況卻大相逕庭。在打出節拍的一百二十首歌曲中，聆聽者只猜對了百分之二點五。總共三首歌。[6]正如奇普．希思（Chip Heath）和丹．希思（Dan Heath）兩位教授在其大作《創意黏力學》（*Made to Stick*）中解釋的，我們的先入為主會大幅改變我們看待世界的方式。當你自己打出一首歌的節拍，你知道作何期待，所以會自然而然聽到這首歌。而當別人打拍子，你什麼也聽不出來，只聽到一堆不連貫的噪音，正如希思兄弟所總結的：「一旦我們知道了某件事，就很難想像不知道的感覺。」[7]

在尋找問題的過程中這意味著什麼？這麼說吧，當我們踏上改變的旅程，很容易對眼前的問題做出假設。你不喜歡你的工作，於是假設問題出在你兩年沒升職了；你不喜歡你的家庭生活，於是假設問題出在你跟伴侶處得不好；你不喜歡你的休閒嗜好，於是假設問題出在你的技術進步得不夠快。在上述各種狀況中，你的假設可能都沒錯，但如果沒有深究下去，你永遠不會知道實際情況如何。

但正如摩根發現的，有一種簡單方法可以避開這些思維障礙，祕訣就在抱持探究的心態，問自己：有沒有別的角度來看待這個問題？其中有沒有我沒看到的障礙？或者，就像摩根說的，「放膽去探索」。

此時聽取朋友和同儕的見解會很有幫助。在我們和摩根的訪談中，他經常提到他早年和班的對話，以及這些對話如何幫助他以全新眼光看待他剛剛起步的公司遭遇的問題，這是我們每個人都可以學習的見解。如果你和別人談談，你可能會發現問題不在於升遷，而是你工作時的心態；問題不在於你的伴侶，而是你在日常互動中展現的敵意；問題不在於你的學習速度，而是你一開始選擇的嗜好根本不適合你。

其他人的觀點可以幫助我們看穿自己的先入為主，讓我們以更清晰的眼光探究問題。超級名模、社運人士兼企業家莉莉．寇兒（Lily Cole）是最擅長這種作法的人，當我們坐下來採訪她，問起她的事業生涯和她學到的心得，她回答到最後總會反過來提問：「你呢？你怎麼想？你學到了什麼？」每當你似乎看不懂眼前的問題，不妨問問周圍的人有什麼看法——他們的答案可能會讓你大吃一驚。

重新定義你的問題

一旦你開始探索自己的問題，就會更容易看清它們的真實面貌。但你還不能算是一個完全合格的問題發現者，因為探索問題並不等於真正理解問題。

為了說明我們的意思，請和我們一起做一個簡短的思想實驗，這個實驗是由世界知名的問題解決專家湯馬斯．維戴爾－維德斯柏（Thomas Wedell-Wedellsborg）提出。「想像一下這個場景：你是一棟辦公大樓的業主，而你的租戶對電梯抱怨連連，電梯又老又慢，還不斷故障，極不牢靠，使得租戶一直威脅說，假如不能解決問題，他們就要搬出去，你該怎麼做？」維戴爾－維德斯柏寫道：「當被問到這個問題，大多數人會很快找出某種解決方案：更換電梯、安裝更強力的馬達，或者也許更新電梯的運行演算法。」

但這些答案「太無趣了」，它們都「落入解題領域：對問題抱持相同假設的一群解決方案」。在這個例子中，這個群體認定問題出在電梯上：它太慢了。有其他解決辦法嗎？有，維戴爾－維德斯柏說，而且簡單得要命：在電梯旁放鏡子。「事實證明，這個簡單的措施在減少抱怨上非常有效，」他寫道，「因為人們在看到非常令人著迷的東西——也就是他們自己——時，往往會忘記時間。」[8]

這不是最初認定的問題的解決方案，電梯並沒有神奇地變快，也沒有變得比較牢靠。相反的，我們重新定義了真正的問題所在，這是有效發現問題的第二步，探索了問題之後，你也許會想重新定義它——並且從不同的角度來看它。

你可能覺得，這說起來簡單做起來很難。我們如何學會習慣性地重新定義我們的問題，進而找到更好的解決方案？其中一個答案來自史蒂夫．克拉克（Steve Clarke），我們曾在愛丁堡當著《高效能》節目兩千位聽眾的面前採訪他，這位蘇格蘭足球隊教練告訴我們，他上任之時非常確信自己知道團隊需要的解決方案是什麼，他認為問題在於戰術風格，有了新的策略，一切都會改變。

直到他在領導生涯初期遭到幾次慘敗，才在一次漫長的散步中，忽然意識到自己陷入了困境——因為問題不在於戰術風格，而在於心態。他告訴我們，蘇格蘭隊就是認定自己屢戰屢敗。「蘇格蘭一直都有很棒的球員，但我低估了這種態度在心理上的根深柢固，」克拉克告訴我們，「我需要找到方法來改變這種失敗的心態，這種心態認定我們志在參與，我們會被擊敗，會被淘汰，然後領隊會被炒魷魚。」

於是他想出了一個全新方法，他向自己提出一個不同的問題，他不再問「什麼陣式會帶來成功？」而是為自己設下另一項挑戰，詢問「什麼心態會帶來成功？」在這樣的新架構之下，他的焦點從球員在場上的肢體行為，轉移到他們在場外的心理行為，他告訴我們：「**我們不再帶著對失敗的恐懼打球，而是開始期待成功。**」克拉克的方法帶領蘇格蘭隊在二十二年來首次打進國際賽事。

這是任何人都可以援用的方法。訣竅就是停下埋頭苦幹的腳步，問自己一些基本問題，我對眼前的問題做了怎樣的假設？是否有不同的方式來思考我面對的挑戰？我是否可以對自己提出一個不同的問題？

上學的時候，老師最常給我們的一個建議是，「開始作答之前，務必先閱讀試卷上的問題。」在我們的忙碌生活中，也經常會有急著進入解題模式的類似衝動。我們想都不想就假設自己知道問題是什麼，但後果往往相同：錯誤的答案。

釐清你的問題

正當我們為了《高效能》節目等著採訪媒體人阿拉斯泰爾．坎貝爾（Alastair Campbell）時，我們這兩位作者彼此承認有一點緊張。

我們兩人都是喜劇影集《幕後危機》（*The Thick of It*）中的輿論導向高手「攻擊犬」馬爾科姆．圖克（Malcolm Tucker）的粉絲，這個角色以犀利的提問和創意十足的褻瀆性辱罵痛擊倒楣的記者而著名。圖克的角色靈感至少有一部分來自坎貝爾，他曾是前首相東尼．布萊爾（Tony Blair）的發言人、新聞秘書和通訊聯絡主任，也是英國近代政治史上最具影響力和爭議性的人物之一。在圖克的語錄中，我們最喜歡的一句辱罵是：「這傢伙笨到連光都繞過他走。」我們打起精神，準備迎接同樣簡潔有力的羞辱。

所以想像一下，當坎貝爾證明自己是魅力的化身時，我們有多麼驚訝。他詼諧幽默，殷殷探詢我們的家庭狀況，並分享他對伯恩利足球俱樂部（Burnley）的熱愛，最重要的是，他以極其坦誠有力的態度談起了他與精神疾病的搏鬥。

坎貝爾與精神疾病纏鬥了數十年。在他的家族史中，精神疾病屢見不鮮，他曾告訴一名記者，他的一個兄弟在六十二歲去世前失去了雙腿，「一條腿是為了酒，另一條是為了菸。」另一個兄弟「熱愛世人也熱愛生命」，卻受嚴重的思覺失調症所苦，在同樣的歲數去世。[9] 坎貝爾也從年輕時就罹患重度憂鬱症，身為一名復原中的酒癮患者，他在一九八六年一次政黨會議上首次經歷了嚴重的精神崩潰。

如今坎貝爾早已戒除酒癮，但精神疾病仍是他生活中反覆出現的主題，他的書《活得更好》（*Living Better*，暫譯）有一句引人注目的開場白：「去年冬天一個漆黑的星期天晚上，我差點結束自己的生命。」[10]

坎貝爾不認為他的精神疾病可以被徹底「治癒」，相反的，那是他在人生中必須學習管理的一部分。就這樣，他帶領我們進入一個不尋常但深刻的觀點，關於如何向自己澄清我們面臨的最大問題。

二〇一九年，在拍攝一部關於憂鬱症的紀錄片時，坎貝爾與一位來自加拿大的遺傳學諮商師潔娜・奧斯丁（Jehannine Austin）見面，討論他的精神疾病家族史。[11] 奧斯丁博士強調，無論你的心理健康有什麼特質，你都可以學著了解它，並且以一定的自主權管理它。她用她所謂的「精神疾病罐子」打比方，罐子裡裝滿了影響你健康的所有因素，有些是你可以控制的，有些則無法控制。

你的基本生理結構是最底層。「罐子底部是沉積物──你的基因，」坎貝爾記得她這麼說。在他的案例中，這意味著精神疾病的遺傳傾向，但那並非罐子裡的全部。坎貝爾接著說，「罐子的其餘部分是你的生活，」包括工作問題、人際關係問題、經濟問題和個人損失。有些人很不幸，罐子裡的沉積物天生就比別人多──但每個人的罐子都可能裝滿。罐子滿溢時，我們的心理健康就受到影響。「當果醬罐裝滿了，你就無法應付，」坎貝爾說，「蓋子會爆開，你的生活也會爆開，然後你就病了。」[12]

但是果醬罐的妙處，就在於你不必光用問題填滿它，還可以裝填你喜愛的事物，任何能幫助你變得更快樂、活得更好的事物。

坎貝爾稱讚果醬罐幫助他釐清了他面對的真正問題，以及真正的解決方法。他告訴我們，有一次在憂鬱症發作期間，「我半夜起床，畫出自己的果醬罐。」他意識到他可以在罐子裡裝填能帶給他喜悅的東西。

「第一樣東西是人生三寶：費歐娜（他的妻子）、家人和朋友。如果我的主要人際關係都很牢固，如果我的子女都很快樂，如果費歐娜和我相處愉快，如果我擁有我完全信任的一小群密友，那樣的起點還不賴。」而他可以選擇用帶給他意義的事物裝填下一層：「這意味著工作，但也意味著改變世界。」

在這之上是更平凡但同樣重要的快樂來源：「睡眠、飲食、運動，這些事情我以前不太看重，現在會認真看待了。」而在這之上是較小的日常樂事，像是：伯恩利足球俱樂部、風笛、樹林、貓王、賈克·布瑞爾（Jacques Brel，編按：比利時唱作詩人歌手，發跡於法國）、阿巴合唱團（Abba）、他的腳踏車、他的狗。「這些都是對我很重要的東西，」坎貝爾笑著一一列舉。找到這些小小樂事──並把它們放進你的果醬罐中──是把生活調整好的關鍵。

你也許會問，果醬罐跟尋找問題有哪門子關係？這個問題很合情合理。這個嘛，它為我們提供了線索，暗示我們如何從探索和重新定義問題走向真正理解問題。

和坎貝爾一樣，我們都需要找到方法來澄清我們在生活中面臨的混亂而複雜的問題。我們難以改變的原因之一，就是我們面臨的問題太過複雜，無從處理，我們沒有真正「理解」我們的問題，因為它們把我們壓得喘不過氣。

你知道你不滿意感情生活中的某些層面，但很難弄清楚是什麼；你知道你不滿意自己選擇的事業生涯，但不知道為什麼。

坎貝爾的方法指點了解決的方向，而且不僅限於心理健康方面。積極地將導致我們痛苦的事物具象化，並把它寫下來，這個簡單的動作就能改變我們處理問題的能力。這個想法具有強大的科學基礎：例如，研究顯示，每天花十五分鐘書寫創傷經驗，幾個月後就可以改善健康狀況。[13] 在另一項研究中，「寫下人生中最痛苦事件的參與者，與其疾病相關的健康評估出現了較佳結果。」[14]

不是只有與巨大創傷搏鬥的人，才能進行裝填果醬罐的練習，你可以運用在日常生活上。想一想你的果醬罐裡有什麼——它有多接近裝滿？現在仔細看看，裡面最大的物件是什麼，是否帶給你快樂？如果要拿出一個大物件加以替換，那會是什麼？這又如何幫助你釐清你面臨的問題？令你揪心的，真的是你在工作、人際關係或興趣嗜好方面的問題嗎，或者問題根本出在別的地方？

坎貝爾認為，這是你能採取的最簡單也最強大的心態轉換法之一，它使我們能夠將問題簡化為我們可以正確理解的形式。坎貝爾說，這是一種出乎意料之外的革命性方法。「在我遇到這位加拿大女士之前，如果你問我，你是如何對付憂鬱症的？我會說我每天都吃藥，」坎貝爾說，「我仍然在服藥，但是如果你現在問我，你如何應對憂鬱症？我會說，『哦，我有果醬罐。』」[15]

暫停維修站 *PITSTOP*

看清問題的果醬罐

看清問題的最好方法就是把它寫下來，那就是下面這個果醬罐的用途。花點時間用此刻對你最重要的事情填滿它，然後問自己，一個更開心的果醬罐會是什麼樣子？有沒有辦法讓它變得更有意義、更令人滿意？對於你面對的問題，這說明了什麼？

課程總結

- 在你的生活中，讓你感到沮喪的那件事是什麼？你可以做些什麼來改變它？我們以為改變就是尋找解決方案，但我們錯了。改變自己的第一步是找出問題本身——**從解決問題轉向發現問題**。
- 問題發現者的工具箱包含三個主要方法：首先是**探索問題**，審視你的生活並問問自己：我面臨的最大問題是什麼？問問周圍的人：他們如何看待你的問題，你能從他們身上學到什麼？
- 其次，**重新定義問題**。我們先入為主的預設往往阻礙我們看清眼前的問題。但是你可以相對容易地消除這些成見。問自己：我對眼前的問題做了哪些假設？可不可以用其他角度來看它？
- 第三，**釐清問題**。寫下問題這個簡單動作可以幫助你將問題提煉成可以理解的形式。拿起紙筆，寫下你想解決的最大問題：最讓你沮喪的是什麼？更好的生活會是什麼模樣？

如果你能找到快樂，
或許也能找到健康。

第2課 ≫ 更好的「你」

英國最受歡迎的醫師正在向我們描述一群非常快樂的修女。

冉甘・查特吉（Rangan Chatterjee）用他平靜而優美的聲音告訴我們，這群修女是理想的實驗對象，因為她們生活中的一切都受到修道院規範，有相同的生活方式、飲食、行動和睡眠，而這讓一群心理學家注意到，代表了絕佳的研究機會。「他們追蹤這些修女的一生，」查特吉醫師熱切地點頭說道。如此一來，他們就能評估是什麼因素真正影響了她們的壽命長短。答案是什麼？「快樂的修女健康得多，也更長壽。」快樂全面改善了她們的健康狀況。[1]

這並不是醫師為我們準備的唯一一個關於快樂的見解。「另一項研究將人們帶進實驗室，測量他們的快樂程度，然後將鼻病毒塞進他們的鼻孔，」他的聲音因激昂而顫抖。研究中的每個人都接觸到病毒。問題是誰會生病？同樣的，關鍵決定因素不在於他們的身體狀況，而在於情緒。「他們發現，在『情緒不太正向』的人群中，生病的人數高出三倍，」他說，「你可以根據快樂程度來判斷誰更容易生病。」[2]

查特吉之所以說起這項研究，並不僅因為它很有趣（儘管它確實有趣），他說，這項研究帶來了改變他人生的深刻體悟。查特吉來上我們的節目時，已經從醫二十年，最初是在全國各地的醫院擔任免疫學家，但是他越專精於研究人們的身體健康，越意識到如果不研究他們的心理健康，就不可能了解他們的生理狀況。他在一次採訪中表示，「兩者的連結被嚴重輕忽，不僅整個社會如此，醫學界也如此。」[3]

這項領悟令查特吉著迷不已。我們為了錄製podcast而在他的柴郡住家附近採訪他時，他對快樂與健康之間的連結已到了痴迷的地步。他肩負使命，要改變醫界同仁（以及整個世界）對精神疾病的看法。事實上，他不久前才就此寫了一本書：《你要快樂，才能好好生活》（*Happy Mind, Happy Life*）。[4]

查特吉告訴我們，他越意識到快樂的重要性，就越對另一個簡單的問題感到好奇。幸福感是我們可以掌控的嗎？如果可以，我們要如何改變它？答案引領他走向日本的一個古老觀念──一個很快也令我們二人深深著迷的觀念，它的名字叫「Ikigai」（生き甲斐，生之意義）。

Ikigai無法直譯成英文。它是一個複合詞，iki的意思是生存，gai這個字則形容價值或值得，合起來意味著好好活著。這個觀念因《富足樂齡：Ikigai，日本生活美學的長壽祕訣》（*Ikigai:*

The Japanese Secret to a Long and Happy Life）這本精彩好書而廣為人知，作者之一埃克特・賈西亞（Héctor García）在podcast訪談中用輕柔但魅力無窮的語調向我們解釋，越來越多證據顯示，擁有好的Ikigai的人不僅更快樂，實際上也更長壽。如果你能找到快樂，或許也能找到健康。

所以這個神秘的Ikigai究竟是什麼？「重點在於內外合一，」查特吉告訴我們，「如果你能弄清楚自己的核心價值，並按照這些價值過好每一天，你就能連帶獲得意義和目標。」但是要怎麼做呢？呃，在《富足樂齡》書中，兩位作者賈西亞和法蘭塞斯克・米拉萊斯（Francesc Miralles）鼓勵我們藉由提出幾個相關問題來找出答案（他們提出了四個問題，但我們認為簡化成三個問題會很有幫助）。

一、你擅長什麼？

二、你熱愛什麼？

三、這個世界需要什麼？[5]

三個答案的交集就是你的Ikigai。這個方法提供了線索，告訴我們如何把在上一課發現的問題轉化為新生活的實際願景。如果你能夢想出滿足這三個答案的生活，你不僅會更快樂，也很可能會更長壽。

暫停維修站 *PITSTOP*

尋找 Ikigai

埃克特・賈西亞和法蘭塞斯克・米拉萊斯以一組交疊的圓圈來思考 Ikigai，中間交集的部分體現了你的真正志向。

在深入探討每個 Ikigai 問題之前，不妨進行一次類似的練習。在紙上畫三個圓圈，並在每個圓圈旁分別寫下三大問題：**你擅長什麼？你熱愛什麼？這個世界需要什麼？**[6]

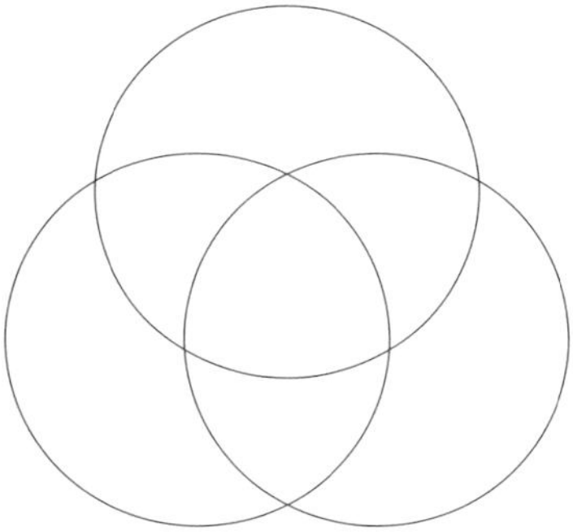

在每個圓圈內寫下一段相關經驗，例如工作上的一個正向時刻，或者你在群體中承擔有社會價值的職責。對大多數人而言，只有一兩個經驗會落入圖形的中間——三個問題的交會之處。**這就是你的 Ikigai 嗎？如果打造以這些經驗為核心的人生，會是什麼情況？**

你擅長什麼？

儘管冉甘．查特吉一直到四十多歲才學到Ikigai這個詞，但實際上，這種精神已經鞭策他很長時間了。他在柴郡威姆斯洛（Wilmslow）市集小鎮的成長經歷，從小就為他灌輸強烈的上進心。「我爸媽在一九六〇年代移民到英國，當時存在著嚴重的歧視。」他解釋道，這導致他們非常注重學業成績。以他的話說，他父母的「移民心態」歸結出一個簡單的準則：「如果你在學校表現出色，你就能上一所好大學、找到一份好工作，生活就會一片光明。」

冉甘向我們述說他父親的背景。塔倫．查特吉（Tarun Chatterjee）從印度西孟加拉邦的加爾各答搬到英國，在曼徹斯特一家醫院擔任泌尿生殖醫學顧問。[7]他可敬的職業操守意味著將這個吃重角色和另一個角色結合起來——成為一名值夜班的全科醫生。幾十年來，他熬過了每週只睡三個晚上的生活。

這種對工作和承諾的高標準，以暗示或明示的方式傳給了他的兒子。「我想，在我人生的大部分時間裡，我總覺得自己不夠好，」冉甘向我們坦承，「如果我在學校拿著九十九分的成績回家，我的爸媽會說：『你為什麼沒拿一百分？』我從中學到，如果我不是最好的，如果我沒有獲得壓倒性勝利，如果我沒有取得成就，我就不會真正被愛。」

他明白父母只是想盡力幫助他做到最好。「我有一次跟母親談起這件事，問他們為什麼這麼做。她告訴我，『我知道你有能力，我希望你成為最好的自己。』」但這些嚴格標準很快就導致他把自己逼得太緊。

十八、九歲時，查特吉離開家裡，跟隨父親的腳步學醫，但他無法停止過度鞭策自己。他敘述在愛丁堡讀書時，他的拚勁有好幾次走過頭，就連打好玩的撞球比賽都不順利，父母失望的聲音——「你為什麼沒拿一百分？」——似乎越來越響亮。他會休息一下，走進洗手間，盯著鏡子裡的倒影，然後甩自己一巴掌。「如果我快輸了，我會揍自己，然後說，『來吧，查特吉，回到賽場上。』通常的情況下，我最後會取得勝利。但是失敗的痛苦太大了。」

他從未意識到這種對卓越的不懈追求會帶來多大的傷害，直到他發現父親的健康狀況日益惡化。他告訴記者，他的父親「拚命工作、追逐成功，誤以為那就是快樂」。他父親的病拖了很久。「我當時住在愛丁堡，一天晚上，我媽媽打電話給我，」他說，「事發突然，當時是晚上十點半，她說，『聽著，冉甘，你最好現在回家。爸爸在加護病房，我不確定他能不能撐過今天晚上。』」[8]他五十九歲的父親無預警地腎臟衰竭。

當冉甘在高速公路上趕往柴郡，他發現自己不只在反思父親的健康狀況，也在反思到頭來真正重要的是什麼——以及好好生活究竟意味著什麼。「那影響了我整個成年生活，直到九年前他過世。」他曾這麼說。[9]

父親的過世讓查特吉開始質疑自己的人生。「他去世時，我的人生出現了一個大洞。成年以來第一次，我會去散步思考，」查特吉說，「我會質問自己：我快樂嗎？你過的是誰的人生？**你在過別人的人生嗎？還是在過自己的人生？**我問了自己很多存在主義的問題。」

這最終帶領他走上了另一條道路。深刻反思之後，他終於意識到他獨有的天賦並不如父母讓他相信的那麼簡單。他骨子裡是個教育家──一個抱著獨特熱情的人，願意分享自己的見解，幫助他人活得更快樂、更健康。這份理解是他決定撰寫他的暢銷書，並錄製非常成功的《感覺更好、活得更充實》（*Feel Better, Live More*）podcast 節目的核心原因。

查特吉的人生提示了我們如何回答 Ikigai 三個問題中的第一個：你擅長什麼？這是我們大多數人都曾在某個時刻問過自己的問題，尤其是在選擇職業時。但查特吉的經驗顯示，事情並不像聽起來的那麼簡單，因為擅長某件事並不僅僅涉及學術實力或技術能力──還涉及與自我意識的契合，你做的事與你最深層自我意識之間相互關聯。「當你不忠於真實的自我，你瞞不過自己。這真的非常、非常重要。」

在這個詮釋下，「你擅長什麼？」的問題與硬技能（例如寫電子郵件、和客戶拉關係、為病人看診等）沒有太大關係，而是跟「你是誰」這個深刻問題的關係較深。根據心理學家迪恩・基斯・西蒙頓（Dean Keith Simonton）的說法，天賦是「幫助你在特定領域快速獲得專業知識或提升表現的一組個人特質」。[10] 但要找到這些天賦，我們需要深入反思那些讓我們感到滿足並且可以輕鬆完成的事情，我們往往在這些任務上表現出色，因為它們與我們最深層的自我意識保持一致。

那麼，我們每個人要如何找到這些天賦才華？一個很好的起點是看看你在人生中已達到的成就，但不要把焦點放在那些讓你獲得最大掌聲或最大加薪幅度的成就上，相反的，專注於那些令你引以為傲的成就。過往的人生中，有沒有哪個瞬間令你一想起來就容光煥發？或者，當事情不順的時候，你會不會總想起哪些往事來撫慰自己？

接下來，和查特吉一樣，將這些瞬間與你目前所做的事——以及你目前認為自己擅長的事——相比。你目前的生活是否帶給你自豪的時刻？你做的事與讓你感到滿足的事之間有多高的一致性？關於你「擅長」什麼，這種方法提示了一種更全面的思考方式，而不僅僅是課堂上或工作中認明的那些冷冰冰、硬梆梆的技能。

天賦不僅僅在於你擅長什麼，重點是什麼能帶給你意義。意義感是世界上最強大的動力。

你熱愛什麼？

喬．韋克斯（Joe Wicks）流露出的舉止風采，彷彿他畢生都在從事自己真正熱愛的工作，而且他足夠聰明，對這一點心知肚明。他那生龍活虎的熱情很有感染力，隨著我們的對話持續進行，我們發現自己說話的方式，變得跟我們正在採訪的健身教練一樣大聲、一樣快速。

從韋克斯的行為舉止，幾乎看不出他早年的艱辛，那段生活與他此刻身為「全國最火紅健身教練」的角色相去甚遠。韋克斯的母親拉奎拉年僅十七歲就生下他的哥哥，兩年後，喬也出生了。他的父親蓋瑞吸食海洛因成癮，曾因嚴重的毒癮多次進出勒戒所。「我們家的房門是用粗劣的三夾板做的，每當我爸跟我媽吵架的時候，他就會一拳打穿房門或牆壁。家裡常有吼叫聲，房門常被砰地關上，」他曾經如是解釋，[11]「生活一團混亂。」[12]

我們亟欲了解他是如何在這些創傷性的早年經歷中，學會認清自己真正的熱情。「我們都是成長環境的產物，不是嗎？」韋克斯說，「我們有這些經歷，它們確實會影響你。」在他的案例中，見識過的毒癮令他害怕。「我曾經聽說，如果你的父親是個癮君子，你就會成為癮君子，因為那會遺傳。我害怕如果我用藥或喝酒，我就會染上毒癮。」這種恐懼驅使他走向健身房。「正因那樣，我把全副精力導向別的地方。我十六歲加入健身房，它就像是我的治療方法。」

運動是韋克斯當時的逃生之門，現在也是。「那一直是我的依靠，」他向我們承認，「在學校，那是老師能真正馴服我的唯一一科，因為我太容易走神了，沒辦法專心。運動讓我可以跑來跑去，發洩精力，而那真的徹底改變了我的人生。」韋克斯當時並不知道，但他未來人生的種子已然播下。「我當時是迷你版的現在的我，把每個人召集起來，告訴他們：『來吧，換好衣服，讓我們上場吧——沒有你們我就踢不了足球！趕緊動起來！』，」他曾經說，「那是我人生中很重要的一部分。」[13]

久而久之，這帶領他找到自己的真正志向。離開學校後，韋克斯取得運動科學學位，然後擔任助教，但他不喜歡這份工作。他說，沒多久他就明白自己「不適合這份工作」。於是他開始問自己一些困難的問題。「我當時想，『好吧，**我真正熱愛做的事情是什麼？**』答案是運動。」他辭去了教職，開始做私人健身教練，一做就是五年。這個新方向最終將改變他的人生。

不健身的時候，他開始在社交媒體上發布自己做飯的影片。「大概沒有哪個真正熱愛烹飪的人會看這些影片，例如廚藝精湛的廚師，」他曾對《衛報》這麼說，[14]「這些影片是給一般人看的，他們只想知道從哪裡開始。」但他的激情與熱忱總是大放異彩。到了二〇一六年，網路上已有一百萬人關注他。很快的，他的第一本書《15分鐘越吃越精瘦》（*Lean in 15*）的出版合約也隨之而來。這本書賣出七十萬冊，打破所有人的預期，成為英國有史以來最暢銷的烹飪書之一。韋克斯找到了他熱愛的事，而這永遠改變了他的人生。

韋克斯從問題兒童到英國暢銷作家的旅程，暗示了如何回答我們的第二個 Ikigai 問題：你熱愛什麼？只要思索這個問題，就像韋克斯在當助教時想過的，不僅能讓我們離快樂更靠近一步，也能讓我們變得更有創意、更好運、更成功。

要了解其中的原因，值得深入研究心理學家芭芭拉．佛列德里克森（Barbara Fredrickson）一九九八年發表的一篇名為〈正面情緒何益之有？〉（What Good Are Positive Emotions?）的開創性論文。[15] 正如論文的標題所示，正面情緒在進化上是個謎，反而是負面情緒的生物學益處顯而易見，會激發著名的「戰鬥或逃跑」反應，而這種反應比如會避免你被熊吃掉，或免於被尼安德塔人拿棍棒敲昏腦袋。正面情緒沒有這樣的演化效應，那麼，我們為什麼還會經歷正面情緒呢？

照佛列德里克森的說法，答案是正面情緒有助於「擴展並建立」我們的思維和行動方式。例如，好奇心這種正面情緒會擴展我們對概念的探索範圍，當我們對某件事情感興趣，我們就會想去追逐它、學習新的事物、嘗試新的經驗。當我們取得重要成就，像是自豪這種**正面情緒會增強我們對自我能力的信心，並鼓勵我們追求更高的目標**。正面情緒讓我們從單純活著轉變為積極成長。

就是第二個問題的奧妙之處。當我們專注於使我們快樂的事，我們不僅感覺更好，也會取得更多成就。

所以，花點時間想想什麼會讓你感到快樂。坐下來，拿起紙筆，寫下幾個簡單問題的答案。最近有哪些瞬間讓你感到最開心？接著將範圍擴大到其他正面情緒：你在什麼時候感到最投入、最好奇或最興奮？這一切說明了你最熱愛的是什麼？當你回答完這些問題，你應該已經列出生活中經常帶給你真正快樂的幾個領域。現在，問自己，如果在生活中融入更多這樣的時刻，會是怎樣的情景？你真正熱愛的生活會是什麼樣子？

這是令人無法抗拒的看待世界的方式。當喬・韋克斯輕快地離開《高效能》節目工作室時，他對生活的熱愛似乎還在空氣中蕩漾。我們二人採訪完後相視一笑，「你覺得比我們剛開始時更有幹勁了嗎？」傑克問，「我確實感覺到了。」

這個世界需要什麼？

企業家馬聖潔（Susie Ma）有一個重大的革命性想法：我們搞錯了使命的意思。「使命和熱情不同，」她在節目中告訴我們，「**你可以對許多事情充滿熱情，但使命指引了你的熱情和你的決定。**」

剛開始採訪馬女士幾分鐘，我們就明顯看出她擁有非凡的頭腦。自從走進這個房間，她就以她的熱忱令我們為之傾倒，以她的口才令我們歎服，並且隱諱地提醒我們，她在三十歲之前就已取得眾多成就，這讓我們真是自慚形穢。

馬女士在年僅十五歲時創立了自己的公司 Tropic Skincare（熱帶護膚品），當時的動機是希望幫助母親支付帳單，並為她買一棟漂亮的大房子。十七年後我們坐下來採訪馬聖潔，Tropic Skincare 已成為英國成長最快的公司之一，擁有超過三百萬名顧客，她的媽媽住進夢寐以求的房子。一路走來，關於「帶著使命感創立企業和打造生活」意味著什麼，馬女士學到了很多。

馬女士並沒有許多企業家早年生活擁有的優越背景。她在上海出生長大，是家中獨生女，最初幾年在一個沒有電力也沒有暖氣的家中度過。「我們當年沒有現在這些設備，但日子過得很開心，」她後來受訪時曾說，「我有一個很棒的家庭和很多愛，我擁有我想要的一切。我想，當你不知道你可以擁有什麼，你會對你擁有的東西感到心滿意足。」[16]

早年，她的祖母是鼓舞她向前的人。祖母決心籌措資金，好讓她的三個晚輩離開中國，開啟新的人生。「她意識到打領帶的西方潮流在上海越來越普及，她也注意到那些口袋空空的中國男人都試著好好打扮自己，但他們都戴著同樣劣質的領帶。」她發現了商機，果斷行動。「她開始在家裡製作領帶，然後在極其繁忙的上下班時間到公車站兜售。」她的心靈手巧最終得到了回報。「她存夠了錢，把我爸、我媽和我送到澳洲。」

但是移民搬遷並不容易。「剛來的時候，我進入一所公立學校就讀，一句英語也不會，」她曾這麼說，「但有一件事我很厲害，那就是數學，因為數學不需要懂語言。」不到五年時間（此時她已說得一口流利英語）這個早熟的十二歲女孩再度遷居，與母親一起搬到倫敦。「我記得我自己打電話到學校註冊。他們聽出我是個小女孩，要求和我媽媽談談，但我說：『不！』。」[17]

馬女士是個用功的學生，以優異的成績畢業，但生活很拮据。從澳洲搬到英國讓她家的經濟狀況捉襟見肘，她看見媽媽經常為了維持生計而陷入掙扎，那就是她創辦 Tropic Skincare 的緣起。她開始在當地市場的化妝品攤位打工，設法貼補家用，她在那裡努力趕上祖母多年前的創業天分。「我看到我為老闆賺了那麼多錢，而他付給我的卻那麼少，」她後來追憶道。[18]於是她開始自立門戶。

在即將進入倫敦大學學院攻讀學位的暑假期間，她開始製作一系列天然化妝品，她說，這些化妝品的靈感源自她童年時期在澳洲海岸看到的植物奇觀。等到她的第一個學期開始時，她的產品和生產商都已安排就位。接下來幾年，她利用課餘時間在她母親位於格林威治市場的玩具和紀念品攤位販賣身體磨砂膏。

馬女士的產品一經推出，立刻大獲成功，很快地，她一路往上爬，從母親的攤位走進了商店。她籌到足夠的錢買房子給媽媽、支付她的大學學費，並買下她的第一個投資型房產。後來（在她夢寐以求的銀行正職工作不如預期後）馬女士決定報名參加美國實境節目《誰是接班人》（*The Apprentice*）。她不僅輕輕鬆鬆通過甄選，還成功殺進決賽，以她的韌性和事業心給主持人舒格勳爵（Lord Sugar）留下了深刻印象。

等到節目在七個月後開播時，Tropic Skincare 已蓬勃發展。儘管舒格勳爵在不到一年之前才「淘汰」了她，但還是拿出二十萬英鎊投資，取得該公司百分之五十的股權，而她是迄今唯一一個在沒有贏得節目的情況下仍然得到他投資的參賽者。事實證明，舒格勳爵的直覺可以說正確無誤：二〇二一年，Tropic Skincare 的營業額達到了九千萬英鎊。

正是這段令人目眩神迷的上升過程，讓馬女士開始對「使命」這個概念產生興趣——以及我們對它產生了怎樣的誤解。從她最早的創業經驗開始，她就認為自己的事業是在回答一個簡單的問題：這個世界需要什麼？這個問題是Ikigai的第三個元素，但正如馬女士說，它也是最容易出錯的一個問題。

馬女士注意到，當面對這個問題，我們大多數人很容易只考慮短期。這個世界需要什麼，好讓我快速賺錢？這個世界需要什麼，好讓我獲得下一次升遷？這個世界需要什麼，好讓我支付下個月的帳單？但馬女士逐漸形成另一套思考使命的方式，這套方式是她向商業作家賽門・西奈克（Simon Sinek）學來的。「他向我介紹擁有無限使命的概念，」馬女士向我們解釋道。這個概念是西奈克在其著作《無限賽局》（*The Infinite Game*）[19]中提出的，強調我們需要以超越短期的眼光來思索我們的影響力，需要盡可能思考最長的時間範圍。

西奈克以賽局打比方，來區分「有限思維」和「無限思維」之間的不同。以西洋棋為例，這是一種有明確規則規定雙方如何在棋盤上移動，並且有明確贏家的賽局；又如足球賽，這是一種有明確規則規定你如何踢球，並且會有一方獲勝的賽局。西奈克認為，「這些都是有限的賽局，圍繞著自我、競爭以及我們與生俱來的獲勝需求打轉。」[20]

在商業領域，這種思維方式意味著只關注短期市場收益。然而，以這種方式思考商業和人生是有缺陷的，儘管我們可能透過可衡量的結果來追求「獲勝」，但實際情況是，每位領導者離開後，賽局仍持續進行。「在商業、事業、政治和養兒育女上，**沒有最終勝利者這種事情，**

只有賽局本身。」西奈克說。這就是為什麼最頂尖的企業都在進行無限賽局。他們希望建立可永續發展的事業，為員工、顧客和社區的長期福祉做出貢獻，焦點不是現在，而是永遠。[21]

馬女士以無比的勇氣迎接西奈克的挑戰。「我決定，我以及 Tropic Skincare 的使命，是幫助創造一個更健康、更環保、更有力量的地球。」前綴的「更」字至關重要。「這條路是無限的，永遠可以達到更高程度的環保與健康。」這是無限使命的展現。

觀點的改變，引發企業營運方式的轉變，很快地，Tropic Skincare 開始帶頭實行生態友善的措施，例如在其護髮系列商品中，選擇使用可生物降解的成分。突然間，目標不再是達到明年的利潤目標，而是讓世界變得更美好，這種方法讓 Tropic Skincare 達到了前所未有的高度。在撰寫本文時，該品牌的價值超過了一億英鎊。

並非只有商界人士才能借鑒這個想法。當有人問，這個世界需要什麼？我們的本能反應是思索眼前的問題。這很自然，但也是個錯誤。當思考這個世界需要什麼時，請嘗試將眼光放遠一點。問自己，這個世界永遠需要更多什麼？當一千年後的人們回顧從前，他們覺得「那很重要」的東西會是什麼？我的無限使命是什麼？

這個無限使命可以呈現出許多不同形式。如果你正設法換工作，它可能意味著尋找一個能讓地球更環保或更公平的任務；如果你想要改變人際關係，它可能意味著努力變得更善良或更有愛心；如果你希望在創作上出類拔萃，它可能意味著創造出能讓人們更快樂、更充實的作品。

但無論如何，不要從有限的你（聚焦於下星期或下個月）的角度來看世界，而要站在無限的你（聚焦於永恆）的角度，你能擔負的最大使命是什麼？你又該如何實現它？

課程總結

你能想像出讓你更快樂、讓世界更美好的人生嗎？

- 在展開你的改變之旅前，你需要找出你的最終目標。日本古老的 ikigai 思維——找出你擅長什麼、熱愛什麼，以及什麼能讓世界變得更好——提示了我們該怎麼做。
- 要找到你的 ikigai，第一步是問：**你擅長什麼？**回想一下，你什麼時候會感到既充實又自在——那如何說明你擁有的最自然的技能？
- 尋找 ikigai 的第二步是問：**你熱愛什麼？**回想那些帶給你最大快樂的瞬間——以這些時刻為中心的生活會是什麼樣子？
- 尋找 ikigai 的最後一步是問：**這個世界需要什麼？**反思你的使命，不是今天或明天的使命，而是永久的使命——專注於無限賽局的人生意味著什麼？

第2步

躍進

如果你不直面恐懼，
就永遠無法戰勝它們。

要做夢，需要知道自己是誰；
想往前躍進，需要知道自己身在何處。

第3課 » 環境的力量

艾莉絲．史考特（Alex Scott）的成功，有一個鮮為人知的巨大因素來促成，除了她之外，似乎沒有人發現。

在三度效力兵工廠女足俱樂部和赴美三年的事業生涯中，史考特已成為女子足球的代言人。她是兵工廠二〇〇六至二〇〇七年破紀錄賽季的關鍵球員，也是第一支贏得歐洲女子聯盟盃（UEFA Women's Cup）英格蘭隊伍的重要成員（在第一回合的最後一分鐘踢進了致勝的一球），最終在四次歐洲錦標賽和三屆世界盃中，為英格蘭征戰一百四十場比賽。哦，然後無縫轉型，成功進軍電視圈。坦白說，這讓我們兩位作者有些自愧不如。在整個採訪過程以及我們的對話中，史考特沒有流露出一絲一毫的驕矜自滿，她不厭其煩地指出，她的成就只有一部分歸功於天分和努力，其實每一個轉折點都有另一個因素在起作用：她所處的環境。

在她的精彩著作《如何（不）堅強起來》（*How (Not) to Be Strong*，暫譯）中，最引人注目的主題之一是，每當事情不順利，史考特總能憑藉非凡的能力找到讓她再次茁壯成長的環境。[1] 例如，在這本書的開頭，她描述了她與父母的惡劣關係，成長過程充滿挑戰。「從我還是個嬰兒，我就能感受到我所處的環境，」她寫道，「如果你越界了，你知道會發生什麼，而你不希望那種事發生。」她從小就試圖改變身處的環境，她會逃到她家附近的五人制足球場——「我的忘憂樂園，我在這裡感到開心、自由自在。在家裡則會受到禁錮，那是一個嚴格把控的環境。」她曾這麼說。[2]

後來，當她加入兵工廠，這種尋找正面環境來振奮精神的能力，依舊是她的成功關鍵。兵工廠女足隊經理維克．阿克斯（Vic Akers）在她八歲時發掘了她，對她在五人制足球中令男孩們目瞪口呆的能力印象深刻。[3] 阿克斯經常幫助年輕球員找兼職工作（因為知道他們出賽一次只賺五十英鎊），史考特得到了兵工廠洗衣房的一份工作，這樣的工作機會可能會讓一些人感到退縮（似乎很難想像前景看好的兵工廠男足球員會做這樣的工作），但史考特再次把它視為掌控周遭環境的機會。「如果心裡想著我正在洗衣房裡刷髒褲子，你會很容易陷入負面情境，」她說，「事實上，那個環境讓我學到很多，我身處於足球環境，我和阿爾塞納．溫格（Arsène Wenger）對話，和蒂埃里．亨利（Thierry Henry）討論足球。」她說，她最強烈的記憶，是這段經驗多麼具有教育意義。

後來，史考特再次把握機會改變所處環境，這一次選擇迎接挑戰，接受美國足壇的邀請。二〇〇八年，史考特受邀加入美國的波士頓浪花隊（Boston Breakers），在公認為世界頂尖的美國職業女子足球聯賽（NWSL）中踢球。有人勸她不要接受這個任務，「人們告訴我，『你不能去美國，你不會得到出賽機會的，』」但她馬上就知道，她會從那個環境學到許多。「我在美國學到的最重大的一課，就是那裡的球員心態，這種心態是美國隊如此成功的原因。他們知道每個人都需要達到高水準最終才能獲勝。」她學到這堂關於領導力的課，然後運用於英格蘭足球代表隊。

總而言之，史考特的焦點是把自己放進一個可以讓她茁壯成長的環境。「**創造合適的環境是關鍵**，」她說，「創造一個環境，讓每個人都覺得受重視，並覺得自己對整個團隊的成功極為重要。我認為那是最重要的事。」史考特的觀察呼應了現代心理學最早期的研究。一九三六年，心理學家庫爾特・勒溫（Kurt Lewin）發明社會科學中最著名的一條公式：

B = f (P, E)

簡單地說，它指出一個人的行為（**B**ehaviour）是其既定人格（**P**ersonality）與環境（**E**nvironment）的函數（**f**unction）。[4] 或者更簡單地說：我們的行為取決於我們所處的環境。

如果你想改變你的人生，發現環境的力量是很重要的一課。在這一節中，我們將從想像另一種生活，轉變成勇敢地躍向它，這是令人驚慌的一刻，但是如果你不直面恐懼，就永遠無法戰勝它們。

然而，正如勒溫所表述的，要成功地改變，關鍵在於周遭環境。要做夢，你需要知道自己是誰；想往前躍進，你需要知道自己身在何處。因此，「躍進」在這節的重點就在於你所處的環境——以及它是否真的為你的成功奠定基礎。

如何感到安全

正向環境有哪些組成要素？

為了回答這個問題，讓我們造訪西約克郡的迪斯伯里鎮（Dewsbury）。時間是二〇〇九年十二月十四日，山姆．伯吉斯（Sam Burgess）的人生即將永遠地改變。他在這個地區住了大半輩子，十七歲起就在橄欖球聯盟的重大賽事超級聯賽出賽，同時還要照顧父親，陪伴他對抗運動神經元疾病（MND，譯注：俗稱「漸凍症」）這種極度殘酷的疾病。

但他對父親展現的溫柔體貼和善解人意，與他在職業上迅速打響的名聲形成強烈對比，他用老派強悍的風格打橄欖球，很快就以堅毅的韌性而聞名。他不求人高抬貴手，對抗對手也絕不手下留情。二十歲時，他吸引了好萊塢巨星羅素．克洛（Russell Crowe）的注意，羅素．克洛是南雪梨兔隊（South Sydney Rabbitohs）橄欖球隊的老闆之一，伯吉斯在二十一歲生日那天簽約加入南雪梨兔隊，一躍成為全球橄欖球界的頂級球員。

這是他第一次加入職業隊，他感到害怕。「我從獵人變成了獵物，」他告訴我們，「我知道，因為我是英國人，效力於南雪梨這樣一支大的橄欖球隊，加上是羅素．克洛帶我來澳洲的，我成了眾矢之的……我有朋友警告我說，『聽著，他們會衝著你來。他們會找你麻煩，會想辦法痛扁你。』」

然而他挺過來了。怎麼做到的？答案在於克洛為他提供的環境。「我們在俱樂部的主場紅坊（Redfern）舉辦一場熱身賽，全場觀眾爆滿，我開始感到緊張，」伯吉斯回憶道。在他做完最後的熱身時，克洛敲敲門，並向他招手。「他陪我走到場上，繞過柵欄，然後從口袋掏出一張會員卡，上面寫著我父親的名字，以及他每次比賽前常對我說的一些話。」接著，克洛指向看台上的一個空位，與他自己的位子緊緊相鄰的一個座位。克洛為伯吉斯的父親買下這個座位，並承諾這個位子會永遠空著，以示對他的敬意。

「如果你失去信心，或想念他，就看看那個座位，體育館會永遠保留這個位子。」羅素．克洛對伯吉斯說道。

「我完全沒料到，」伯吉斯回憶說，「那真是一次情緒非常強烈的經驗，我無法控制自己，當場淚流滿面。」他說這一刻改變了他與工作環境的關係。「我怎麼可能不與俱樂部同進退呢？」他問自己。

我們在節目上採訪伯吉斯時，他將職業生涯的轉變歸功於這一刻。伯吉斯向他的良師許下承諾：帶領球隊贏得自一九七一年以來的第一個澳洲全國橄欖球聯賽（NRL）總冠軍。「我告訴他，我要把你的球隊變成一支勝利隊伍。」他付出巨大的努力，終於在澳洲的第五年，以最不同凡響的方式兌現了這個承諾。二〇一四年的總決賽中，伯吉斯幾乎整場比賽都帶著顴骨和眼窩骨折的傷勢堅持作戰，他的右眼腫到睜不開，臉頰像氣球般鼓脹，但是在以三十比六的分差大敗坎特伯雷牛頭犬隊（Canterbury Bulldogs）的比賽中，吉伯斯的表現如此出色，最後得到全場最佳球員獎。

伯吉斯與克洛的經歷，提示了我們重建環境——並且從而開始改變人生——的第一個方法。正如伯吉斯和艾莉絲·史考特所彰顯的，我們的大腦會不斷掃描我們所處的環境，判斷我們的安全是否受到任何威脅，或者是否有任何機會讓我們享受獎勵。據估計，我們的大腦實際上平均每秒鐘掃瞄五次左右。[5]

任何與正面情緒和獎賞有關的事物（例如被看到、被聽到）都會觸發「**趨近反應**」，我們會渴望得到更多，並向提供這些事物的地方靠近。相反的，任何可能帶有負面情緒或體驗的事物（例如被忽視、被駁斥、被拒絕）都會被解讀為威脅，進而觸發強烈的「**迴避反應**」，讓我們畏縮不前，並且找藉口不採取行動。

這種「將危險減至最小、設法獲得最大獎勵」的反應，是神經科學家艾維安・戈登（Evian Gordon）所稱的「大腦基本組織原則」。[6]這也是環境如此重要的原因：當環境讓我們感到安全，我們就會蓬勃成長；當環境讓我們感到危險，我們就會失敗。

那麼，我們該如何創造一個安全的環境，就像羅素・克洛在雪梨所做的一樣？如何創造一個讓我們感到安心，並準備好朝更美好生活躍進的環境？在接下來的兩課中，我們將介紹建立安全感的一組簡單特性，無巧不巧，這幾個特性的首字母拼起來正好是「SAFE」：

Status（地位）

Autonomy（自主）

Friendship（友誼）

Equity（公正）

前兩項是第三課的重點，是關於改變**你的所處位置**，確保你處於能夠幫助你改變人生的地方。後兩項是第四課的重點，是關於改變**你的周遭夥伴**，確保你的人際關係足以支撐你做出改變，這四項加起來構成了改變環境的四個步驟。

尋求地位

我們可以從喬許・沃靈頓（Josh Warrington）峰迴路轉的人生故事，一窺創造安全環境的第一個步驟。

學生時代，沃靈頓就已是一名可敬的業餘拳擊手，但由於一連串的功敗垂成和關鍵時刻的失手，他從未實現自己最初涉足這項運動就懷有的夢想：為國家出賽。對業餘比賽的幻想破滅之後，沃靈頓決定克服失望，把握機會加入職業拳壇。只有一個問題：他才十六歲，這項運動規定年滿十八歲才能以拳擊為業。

「我從學校畢業時，修了十一門 GCSE 課程，全都以A到C的成績過關，但後來我想，我現在該拿自己怎麼辦？我還有兩年才能加入職壇，」他告訴一名記者，「我的一些朋友想繼續讀書，所以他們去上大學，另一些人打算幫忙家裡的生意，或者做一些勞力活。他們的未來都已經安排好了，我卻感到前途茫茫，毫無頭緒。」[7]

無所事事幾個月後，他的父親幫他找到當地牙科技工所的差事，他做得很開心。三個月試用期結束後，沃靈頓的老闆意識到他挖到寶了，沃靈頓可怕的敬業態度和敏銳的頭腦，使他成了這個職位的絕佳人選，老闆告訴沃靈頓，他希望沃靈頓留下來負責更高的職位。問題是，要從低階的牙醫助理往上晉升，他需要滿足所有資格條件，意味著接下來四年得去上大學，他的老闆願意付學費，但有一個條件：沃靈頓必須全心投入學習。

就這樣，令人筋疲力竭的新生活開始了：白天在牙科技工所工作，晚上打拳，夜裡學習。他的日子很快就成了一場障礙訓練賽，沃靈頓雖然巧妙地避開了每一道障礙，但代價是犧牲每個有意義的社交生活。他努力維繫與未婚妻娜塔莎的感情，卻很難讓自己時時刻刻保持衝勁。「我一度覺得總該割捨什麼，我沒辦法面面俱到。」他後來回憶道。[8]

令境況雪上加霜的，是嫉妒心。除了面對繁重的日程安排，沃靈頓還得看著朋友們在週末外出聚會。根據《運動員》雜誌（*the Athletic*）針對沃靈頓的一篇引人入勝的報導，某一個星期五晚上，當沃靈頓到一個朋友家裡送一場即將舉行的拳擊賽門票，緊繃的情緒達到頂點，這一群人當時正準備參加一個共同朋友的二十一歲生日派對，沃靈頓告訴他的兄弟，他有多麼羨慕他的老朋友們。[9]

接下來的事情改變了沃靈頓的一生。「我的兄弟通常廢話連篇，並且老說全世界最爛的笑話，但突然之間，他決定為我上一堂人生課，」沃靈頓告訴我們。「『聽著，老兄，』我的兄弟認真地對我說，『我們從十八歲開始，三年來一直在做同樣的事。我們是跟原來一樣的人，去一樣的地方，做著一樣的事情。真他媽的無聊。』」

他停頓片刻，然後發出致命一擊。

「『現在讓我告訴你，從我和其他每個人的角度來看，我們心想：他是怎麼辦到的？我們看著你，希望自己像你一樣繼續前進，我本來也可以闖蕩一番——像你現在一樣。大家都為你驕傲，你做得真的很好。』」[10]

沃靈頓重述這些話時，情緒似乎比訪談中的任何時刻都要激動。他透露，朋友對他的肯定如何鼓勵了他，讓他能繼續努力，否則他可能永遠無法堅持下去。他告訴我們，「**朋友提醒我要忠於自己的抱負，我不會低估這句忠告的重要性**。」事情奏效了。當沃靈頓成為歐洲冠軍（在他的第十九場職業比賽）和世界冠軍（第二十七場職業比賽），他已是電視節目上的頭號人物——在此同時，他仍然每週三天在牙科技工所工作。

朋友的一句話為什麼對沃靈頓產生如此巨大的影響？要了解這一點，我們需要明白，為了評估我們的行為會如何減損或提升我們的地位，我們的社會腦是如何進行校準的。當我們獲得崇高（或高過從前的）社會地位，我們的健康和壽命會受到影響，認同不僅是我們心中的渴望，更攸關生死。

問題是，地位很難客觀評估。我們可以透過一個簡短的思想實驗來理解這有多麼困難。心理學家李察．韋斯曼（Richard Wiseman）在他的著作《幸運的配方》（*The Luck Factor*）中，對這項實驗做出了精闢解釋。[11]假設你是一位奧運選手，第一次參賽就贏得銅牌，你會有多開心？如果你的答案包括了「欣喜若狂」、「激動」和「驕傲」等字眼，那就對了。

現在讓我們繼續進行這項思想實驗。情境相同，但有一個重大差異：這一次，你贏得了銀牌，你會有多開心？合乎邏輯的答案是，銀牌得主會比銅牌得主更開心。遺憾的是，這個答案完全錯誤。研究顯示，贏得銅牌的人往往比銀牌得主開心得多。原因跟他們的實際地位完全無關，而是與他們如何看待自己的地位更有關係。「銀牌得主**認為**，如果他們表現得稍微再好一點，他們就會贏得金牌，」韋斯曼解釋說，「相反的，銅牌得主的想法則傾向於，如果他們表現得稍微差一點，他們根本拿不到獎牌。」[12]

這項有趣的研究說明了喬許．沃靈頓的朋友為什麼會對他的人生產生如此巨大的影響，並教會我們所有人重要的事。我們渴求地位，卻不擅長不偏不倚地評價地位，想想那些銅牌和銀牌得主。所以我們需要置身於讓我們感覺良好的環境，身邊的人會說我們做得很好，強調我們的成就，讓我們記得我們最擅長什麼，這就是沃靈頓的朋友發揮的作用。那句簡單的話——「**你做得真的很好**」——足以提升他對自身地位的信心，增強他的安全感。

我們可以從中得到一些啟發。我們大多數人都曾在被人瞧不起的環境中工作或生活，人們總是看輕我們和我們的技能：日常中缺少讚美，甚至也缺少激情。而我們大多數人也曾待過正向的環境，人們不斷相互提醒彼此是多麼有才華、善良和帥氣：夥伴彼此是高舉雙手擊掌、互相祝賀和讚美。前面那種環境令人心力交瘁，後者的環境則能振奮人心。如果我們想要獲得真正的安全感，就應該盡可能尋找這些正面的環境，它們是安全感的關鍵，也是創造我們所追求的正向改變的關鍵。

三種支援系統

如同喬許．沃靈頓發現的，置身於一個支持性的、有助於提升地位的環境，對於改變你的生活至關重要。問題是，我們並不總是很明白這是什麼樣的環境。

當心理學家談起支援系統，他們談的是三種不同的力量，每一種都很重要，但三者略有不同。首先是**情感支援**，像鼓勵、共情和愛這些最可能來自所愛之人的事情；**工具支援**，用於滿足你的生理需求，不論是一份三明治、一杯茶或一台新的筆記型電腦；最後是**資訊支援**，提供指引、資訊和輔導。

我們大多數人都曾在人生的某個時刻接觸這三種支援。寫下你曾分別在哪三個地方獲得上述的每一種支援。接下來，思索這說明你的環境為你提供了什麼以及沒有提供什麼。你是否覺得自己欠缺某些形式的支援？如果是的話，你該如何得到它們？[13]

情感支援：

工具支援：

資訊支援：

取得自主權

你聽過對氯氣過敏的奧運游泳冠軍嗎？

這不是某個笑話的開場白，而是我們與澳洲史上最偉大游泳選手伊恩・索普（Ian Thorpe）的對話開端——他的氯氣過敏只是他帶給我們眾多驚訝之一。

第一個驚訝是，儘管他的父母分別是天分很高的澳洲板球選手和傑出的籃網球員，但他從小就發現自己在球類運動上一無是處。根據他父親的說法，他是一個「胖小子」，「從小就毫無手眼協調能力」，他喜歡板球和足球，但可惜的是，在這兩項運動上，他沒有一丁點兒天分。[14] 於是他跟隨姊姊的腳步，轉而走向游泳池。在「厭倦了觀看克莉絲汀娜在游泳嘉年華會出賽」後，他決定自己下水嘗試一下。[15] 他就是在這時開始展開生命中的新冒險，然後很快發現自己對氯過敏。

不過，過敏沒有打消他的嘗試念頭，反而讓他首次露出在此之前一直隱匿未發的好勝天性。他戴上保護鼻夾並將頭露出水面，形成一種有別於常規的游泳風格，這種風格很快得到回報。第一次參加游泳比賽，他就拿了第一名回家，他很享受這種感覺，並想要再次體驗。不久之後，他把越來越多閒暇時間泡在泳池裡，並迅速成為一名天賦很高的運動員。

如果說伊恩的父母因為他具備游泳選手的潛質卻不具備板球運動員的條件而感到失望，他們沒有表現出來。他告訴我們，是父母把他一開始的熱情點燃成熊熊烈焰，他說：「我的父母很了不起，他們知道如何正確對待一個有天分的年輕運動員，」他說，「他們知道什麼該做，什麼不該做。」

他父親給孩子的建議是什麼？如果他和姊姊想要出類拔萃，就必須遵守兩條簡單規則。第一，**全心投入**。當他們同意參與某項運動，必須堅持撐完一整季。「無論我們選擇做什麼，無論情況是好是壞，我們都必須堅持一整季。每一季結束時，我們可以自己決定要不要繼續下去。」索普回憶道。

更重要的是第二，**自動自發**。家中每一個人都必須為自己的成功負責。「我必須要在清晨四點十七分起床，」伊恩對我們敘述他的訓練作息，「然後由我來叫醒爸媽。」重視自動自發是他最終成功的關鍵。「大多數父母都得叫孩子起床，並扮演催化劑的角色，」他說，「但是**做好準備是運動員的責任**，不是父母的。我認為父母不應該設定鬧鐘。」

學會自己起床，而不是被人叫醒，這中間的區別是個有力的線索，可以一窺建構一個有助於改變之旅的環境所需的第二個要素。心理學家很早就明白，一個讓我們無法控制自己做什麼以及怎麼做的環境，不太可能引發積極的改變，就連自主權被降低了的感覺，例如被管東管西、有太多規則要遵守，或是被父母從熟睡中叫醒，都會產生威脅反應。神經科學家史蒂文・梅爾（Steven Maier）在大量研究中證實，當動物被放入高壓環境，牠們能否有效運作的最重要指標，就是能取得的主控程度。[16]

反過來說，當我們可以自主做決定，我們就更有能力實現我們追求的改變。心理學家丹尼爾・吉爾伯特（Daniel Gilbert）在他的著作《幸福的盲區》（*Stumbling on Happiness*）中，描述了一九七〇年代以來的一項老人院研究，這項研究說明了其中原因。

老人院的每一位居民都獲贈一盆室內盆栽，其中半數被告知他們必須負責照顧植物，其餘的人則被告知會有職員替他們照顧植物。這也許只是很小的差異，然而，吉爾伯特寫道，「六個月後，低主控組有百分之三十的人過世，而高主控組只有百分之十五的人過世。」[17] 得到的啟發是：獲得更高決策權的居民，比那些沒有同樣自主權的人活得更久。

這提示了伊恩・索普的訓練方法之所以如此強大的原因。他被賦予更高自主權來掌控自己的日常作息、游泳方法和訓練安排，因此培養出很強的獨立感，這為他帶來了巨大成功，並最終使他在游泳界名垂不朽。

索普的高度自主性不僅使他更投入，也讓他變得更有創意，因為這給了他一種與其他競爭對手截然不同的游泳方式。這套方法在一九九八年他十五歲那年，在世界游泳錦標賽中對上他的澳洲同胞格蘭特・哈克特（Grant Hackett）時，初次展露了鋒芒。

比他年長幾歲的哈克特已在四百公尺自由式上建立了霸主地位，尤其遠勝過索普，但這次情況有所不同。決賽還剩下一百公尺，哈克特穩穩領先，然後索普嘗試了新方法。在最後階段，索普以前所未見的速度完成衝刺，一位觀眾形容「那一蹬腿，就像是有人在他腳上安裝了舷外馬達」。還剩幾公尺時，他超越了哈克特，索普以十五歲零三個月之齡，成了這項運動有史以來最年輕的男子世界冠軍。

這套獨特的方法帶索普邁向顛峰。隔年，他以兩秒的優勢打破了四百公尺自由式的世界紀錄，三度獲得奧運金牌的羅迪・蓋恩斯（Rowdy Gaines）將這場勝利歸功於他的衝刺方式，蓋恩斯說，「（索普）在兩百五十公尺時開始瘋狂衝刺，我從來沒有看過這種事情。」[18] 在二〇〇〇年到二〇〇四年的兩屆奧運會中，索普共贏得九面獎牌，其中包括五面金牌。

索普再三強調自主性，無論是關於他的日常訓練、游泳方法，或是他的人生，對我們每個人都有所啟發。如果我們想要改變現在的自己，就需要尋找一個讓我們能夠擁有自主權的環境，就像索普的家庭，他得自己起床，然後去叫醒父母。你可以隨時把他深刻而獨到的見解運用到自己的生活中。問問自己：對於你的日常作息、工作和感情生活，你擁有多大的自主權？如果能比現在施加更大的掌控——早起五分鐘、自己煮午餐、按照自己的方式完成任務——會是什麼樣子？

很多時候，我們以為自己無力控制周遭環境，我們通常錯了。我們總是能夠掌控環境的某些方面，只是需要一點點創造思考。

課程總結

- 你所在的地方是否支持你做出你尋求的改變？如果答案為否，為什麼不支持？
- 我們所在的地方對我們的所作所為有著深遠的影響。環境可以決定我們快樂或絕望、成功或失敗。如果我們想要躍入新的生活，首先就需要掌控我們的環境。
- 環境決定行為的主要方式顯而易見：我們身在何處。我們的工作、住家、社區，這些力量決定了我們可能做出哪些改變。
- 人類迷戀地位，因此，改變現狀的第一個方法，就是尋找能幫助我們增強**地位感**的環境。當你身在何處，你會對自己在群體中的地位感到最安心？
- 我們也渴望自主，因此，改變現狀的第二個方法，就是尋找我們有**主控感**的環境。在什麼時刻，你會對自己的處境感到最有控制力？

要改變你的世界
就必須找到合適的夥伴。

第4課 » 夥伴的力量

觀眾出現瞬間靜默，然後突然歡聲雷動。

那是二〇一六年里約熱內盧奧運男子一百公尺蛙泳決賽，英國選手亞當．比提（Adam Peaty）剛剛衝過終點線。有一瞬間，人們難以置信：他不僅贏得了金牌，還打破了世界紀錄。

儘管觀眾為比提瘋狂，他還是不厭其煩地指出，他的成功在很大程度上要歸功於他人。當他在賽後見到梅拉妮．馬歇爾（Mel Marshall），這位二十一歲的年輕人將他的金牌掛到她的脖子上：「這面金牌『有一半屬於你』，比提這樣告訴馬歇爾。」[1]過去七年來，她陪伴他走過這條路上的每一步。

馬歇爾原本是一名職業游泳選手，曾擔任社區游泳教練，最終獲聘擔任德比市（City of Derby）游泳俱樂部的總教練。

社區教練的歷練，意味著她會以平等的心態看待所有人，每個人都得到相同的待遇。「你要參加屬於你自己的奧運會，不管那是什麼，」正如她所說，「那可能是郡錦標賽，也可能是真的奧運會。沒有上限，也沒有邊界。」她唯一的要求就是熱忱和投入。最重要的是，馬歐爾強調一個因素的重要性：人際關係。「你看看金字塔，」她笑著說，「那裡沒有使用試算表。重點是**一個遠大的願景將所有人聚在一起……來實現一件不可能的事，那就是我們所有人的努力方向：人與人的連結。**」她向我們解釋道。

對連結的重視，將使她成為一名偉大的教練。剛開始執教不久後，馬歐爾跟一位房貸顧問見面，這是一次例行性的拜訪，卻將她的人生帶往意想不到的方向。

這位顧問說，他的兒子在當地游泳俱樂部認識了一個朋友，名叫亞當，這個小伙子很不賴。馬歐爾建議帶他一起去德比。十四歲的比提現身時，馬歐爾看了他的自由式，顯然不為所動。然而，當他開始練習蛙泳，眼前好像換了一個運動員，她立刻知道他很特別。從那一刻起，馬歐爾決心成為他的教練。

在她第一次見到比提的蛙泳之後，馬歐爾記得她告訴兩度得到大英國協運動會冠軍、不久前退役的羅斯・達文波特（Ross Davenport）：「羅斯，我現在跟你誇下海口，這孩子有朝一日會贏得一塊奧運獎牌。」[2]事實證明，這句話說得太保守了。

二〇一六年夏天，比提二十一歲時，已累積了三面世界錦標賽金牌、八面歐洲錦標賽金牌及另外兩面大英國協運動會金牌。二〇一五年四月，他在英國錦標賽上刷新了世界紀錄，兩年後在俄羅斯，他的獎盃櫃又添了五十公尺的世界紀錄。

他的珍寶箱中唯一缺少的頭銜就是奧運金牌，很快地，媒體上討論的問題是「什麼時候」，而不是「會不會」拿牌。

對年輕的比提來說，人們的期待從沉重變得難以承受，但正是在此時，馬歇爾對人際關係的重視變得無比珍貴。馬歇爾在比提出發前，主動為他剪輯了一段影片，一連串來自朋友、家人和所有一路支持德比郡最偉大游泳選手的人們對他的致意，這提醒了我們人際關係的重要性。「我們有一整個社區的心在支持我們，而我為他做了這件事，」馬歇爾後來說道，「他頓時醒悟，發現他其實做得還不賴，他已經走了很長一段路。」[3]

奧運強烈的聚光燈雖然會把一些人嚇得萎靡不振，卻讓比提鮮活起來，他在預賽中締造世界紀錄，緊接著在準決賽中也同樣大獲全勝。在決賽檢錄室等待出賽時，馬歇爾低聲提醒他「破釜沉舟」地全心投入，她說：「只要上場，就要風風光光地上場，用你想要的方式去做。」而比提就是這麼做的。

里約奧運賽後，馬歇爾發了一封短訊給比提。「當夕陽在你締造歷史的這一天落下，好好享受每一秒，」她寫道，「把它深深吸進你的身體，知道它永遠屬於你……我感到非常榮幸。幹得好，奧運冠軍。」[4]

馬歇爾和比提之間的強大連結，暗示了創造一個安全、滋養好環境的第二種方法。在上一課中，我們學習了如何改變**所處位置**：尋找能夠提升我們的地位感和自主性的環境。在這一課中，我們接著談談如何改變**周遭夥伴**。我們會發現，要營造一個積極向上的環境，另一個訣竅就是建立正面的人際關係。

根據加州大學洛杉磯分校（UCLA）社會心理學家娜歐蜜・艾森柏格（Naomi Eisenberger）的說法，人際關係是世界上最強大的力量之一。[5]在一項實驗中，艾森柏格教授和同事製作了一個名叫「虛擬球」（Cyberball）的電腦投球遊戲，目的是模擬強大與薄弱的社會連結帶來的感受，然後進行腦部掃描，深入分析參與者在遊戲過程中的腦部變化。

遊戲規則非常簡單，每位志願者與另外兩「人」搭配（這兩「人」其實是電腦程式模擬出來的虛擬人物），然後被吩咐去「接」球，只要在正確時刻按下按鈕即可。在第一輪中，所有參與者都得到相當數量的傳球，但在第二輪，艾森柏格做了一個微妙的改變：真人參與者受到忽略，完全被排除在傳球之外。

這個細微調整產生了巨大影響。儘管每個人都知道這些虛擬人物是電腦模擬出來的，研究人員發現，「當受到排擠，腦部的活化部位與身體疼痛研究發現的模式非常類似，這提供了證據，證明社會痛苦和身體疼痛的體驗和調節具有相同的神經解剖學基礎。」[6]受到排擠所啟動的神經通路與挨揍時相同。

這項研究（以及其他無數研究）顯示，大腦是個社會器官，極度依賴強大的人際關係。我們從小就被教導，「棍棒和石頭也許會打斷我的骨頭，但酸言冷語永遠傷不了我。」科學證明並非如此。事實上，被社會排斥的感覺，是人們所能想像的最疼的刺痛之一。反面說法也同樣強大，當我們找到滋養且充滿關愛的人際關係（讓我們感到自在和快樂的關係），我們就更可能感覺良好，進而感到有能力改變我們的處境。

這一點很重要，因為這意味著，要改變你的世界，就必須找到合適的夥伴。

建立友誼

關於如何建立強大的社交連結，我們的最高見解來自電視實境秀和科學研究的意外融合。

證據A：《喬迪海岸》（*Geordie Shore*）實境秀中的超級明星維琪・派特森（Vicky Pattison）。

證據B：一九七〇年代在波士頓進行的一項著名社會心理學實驗。

我們和派特森坐下來進行podcast訪談時，她還沒滿三十五歲，但出現在公眾視野已有十年時間。派特森在《喬迪海岸》節目中首次登上電視舞台，當時年僅二十三歲。接下來幾年，她以各種酒醉狀態出現在螢光幕上，往往將觀眾推向兩個陣營：討厭她的觀眾，以及還沒拿定主意討厭她的觀眾。

「我流露出一些非常醜陋的特質，」她告訴我們，「我好辯、咄咄逼人、易怒。我成了我以為大家都想看到的小丑——一個真正胡攪蠻纏的喬迪女孩……我完全迷失了自己。」她在節目和小報上的最高光時刻，是被拍到在被子底下做愛，以及因在夜店襲擊兩名女子而遭到逮捕（我們得趕緊補充說明，兩起事件不是同時發生）。

然而，當我們在節目中採訪派特森，她就像變了一個人。她剛剛出版一本書描述她的心路歷程，書名叫做《快樂的祕訣》（*The Secret to Happy*，暫譯）。[7]這個祕訣似乎跟她學到的簡單一課有很大的關係：知道誰是你的朋友。

那是一段充滿波折的歷程。二〇一四年退出《喬迪海岸》後，派特森馬不停蹄加入一連串電視實境節目，這段旅程在她二〇一五年現身第十五季的《我是個名人，帶我離開這！》（*I'm a Celebrity…… Get Me Out of Here!*）時達到了高峰。「我以為不會有什麼人選我，」她後來向《每日郵報》（*Daily Mail*）承認：「但是當我進入營地等待、與世隔絕時，我幸運地完全不知道網路社群發了瘋地要求將我從節目中剔除。」[8]

然而她成功贏得人們支持，最終在最後的公眾投票環節中，獲得了叢林女王的稱號。不過，這並不是她的快樂大結局。回國後，派特森簽下了一檔電視紀錄片的拍攝工作，向觀眾介紹她與從商的未婚夫約翰．諾伯籌備婚事的內幕。拍攝過程中，她發現未婚夫在杜拜度假時出軌了——這個故事被各家小報愉快地大肆渲染。「太糟糕了，真令人心碎，」她後來解釋說：「我覺得自己被擊潰了。」9

派特森是如何走出打擊的呢？答案似乎跟她重新思考如何對待身邊的人有關。她曾經很享受與人為敵並因此獲得小報關注的感覺，但她後來學會了尊重周圍的人，她開始領悟到友誼的變革力量。派特森告訴我們，歷經了人生的至暗時刻之後，她對周圍的人產生了一種新的想法。你可以使用她所謂的「電話測試」，將周圍的人分成幾個簡單的類別，判斷出誰是真正的朋友。她解釋說，「生活中有三類朋友，你可以從自己接到他們來電時的感覺，來判斷他們是屬於哪一類。」

第一類是「能躲就躲者」，「這些人，當你看到他們的名字閃現在手機螢幕上，你會想，哇靠！」派特森很清楚這種感覺。「我剛搬到倫敦的時候，有些朋友會打電話給我，我就是知道他們另有所圖。他們會說，『我需要一個地方住』，或者『我需要這個的門票』。他們打電話來，從來不是因為他們真心關心我，想知道我過得好不好。」派特森說，這些人能躲就躲。

接下來是「溫和派」。「當他們打電話來，你會想，嗯，我該接嗎？還是不接？好吧，接起來吧。他們不會點亮你的世界，但是他們沒太大毛病。」這群人「不了解你，但你也不需要他們了解。他們能在你的生活中找到合適的位置，他們友好、善良、心思純正。」她說，這些人很容易打發，但他們很重要。「這些人讓你覺得生活還可以。他們不會興風作浪，也不會影響你的整體情緒。」

良好人際關係的真正關鍵在於第三類人：「點火者」。她說，「我們都應該努力成為點火者，當你看到他們的名字出現在螢幕上，你會迫不及待地接聽。他們就像老冰箱一樣嗡嗡作響，聲音細微，但你無法忽略。」這群「充滿魔力、閃閃發亮」的人發揮了無法估量的作用，讓派特森在面對無止境的公眾評論時仍能茁壯成長。她感謝她的點火者們幫助她度過鬧得滿城風雨的分手事件，並幫助她重新站起來。

派特森也許不知道，但她對友誼的分類其實反映了精神病學史上一個非常著名的觀點。早在她察覺參與《喬迪海岸》的危險性之前，心理學家大衛．肯特（David Kantor）就已經做過一項實驗，這項實驗被形容為「電視實境秀的第一代原型」，讓他對人類的互動方式產生了一個耐人尋味的看法。[10]

時間是一九七〇年代初，肯特是塔夫茨大學（Tufts University）的講師，專注於研究精神疾病的新療法。對於如何處理精神疾病，醫學界當時正處於革命的動盪時期，許多人希望更加重視社會如何導致人們生病，而非僅關注個別病患的內心生活，肯特就是其中一人。這樣的觀點促使他設計了一項縝密的實驗，研究思覺失調症是如何在群體互動中表現出來，而不僅僅是個別患者的症狀。

肯特邀請了幾個有思覺失調症患者的家庭，請求在他們家裡的各個房間安裝攝影機。肯特很快在各群體的行為中發現一個令人驚訝的模式，甚至是在思覺失調症患者不在場的時候。分析了錄影帶後，肯特總結出家庭中的每個成員都會陷入四種角色之一。

首先是發起人，從週末的活動安排到晚餐吃什麼，他們總能提出想法供其他人追隨。

第二種人恰恰相反，他們是阻礙者，無論發起人提出什麼新點子，阻礙者總能從中挑出毛病。如果說發起人能讓我們興致勃勃地去接受新的想法，那麼與阻礙者相處同樣多時間會出現相反效果，導致我們什麼事情都不想做。

第三種人是支持者，他們會選擇站在某一方，但很少主動做出任何決定。

最後則是超然的觀察者，「他們置身事外，保持中立，往往只是對正在發生的事情發表看法。」[11]

肯特的重點不在於評論這四種作風的好壞。儘管「阻礙者」聽起來可能很悲觀，但他們實際上發揮了重大作用，能確保群體持續運作。事事說「好」，未必是最好的選擇，其實最成功的群體往往由許多不同種類的角色組成，就像派特森願意同時接納她所說的「點火者」和「溫和派」那樣。

因此，肯特的理論讓我們得以打造一個平衡的社會，人們在其中扮演著促使群體成功所需的各種角色。它邀請我們捫心自問：在我的生活中，誰是發起人、阻礙者、支持者和觀察者？我是否在鼓勵我的人和提醒我留意風險的人之間，取得了適當的平衡？我的每一位朋友各自為我帶來了什麼？

在這些社交類型中找到適當的平衡，可以讓你的生活煥然一新。它讓我們得以結交朋友，在友誼中感到自在，做出更好的決定，並幫助我們縱身躍入我們追求的新生活。

暫停維修站 *PITSTOP*

四角色模型

在下面的方格中，寫下你生活中的發起人、阻礙者、支持者和觀察者的名字。你發現了什麼？你是否有一群角色均衡的朋友——如果沒有，你如何找到更多人補足你生命中欠缺的「角色」？[12]

發起人：主動、仗義、樂於助人、點子很多	**支持者：**總會選邊站
阻礙者：處理難題、找出障礙並強調潛在困難	**觀察者：**絲毫不去煩惱

信守公正

友誼本身並不足以營造安全的改變環境，這些友誼需要有正確的形式，而這就說到了第三課（第81頁）提到的SAFE方程式的最後一個要素：公正。

貝爾．吉羅斯（Bear Grylls）最能說明公正的社會環境的重要性。我們邀請貝爾上我們的節目，慶祝我們的第一百集播出，並假設這場對話的主題會非常極端。我們花了好幾個小時觀看他喝自己的體液、吃大象糞便和攀登聖母峰的影片素材。所以，想像一下，當我們發現自己竟然上了一堂關於日常關係基礎知識的大師課時，我們會有多麼驚訝。吉羅斯跟我們談到謙卑、社會連結——尤其是公正——的恆久重要性。

「在學校裡，最吃香的往往是那些運動好、成績好，或甚至是相貌好的人，」他告訴我們：「那些事情在學校裡很有分量，在生活中卻無足輕重。生命看重的東西與此恰恰相反，它看重的是堅韌、積極向上和永不放棄的精神。」他說，正是這種作風推動了他的每一次成功。「你在生活中需要的肌肉，是那條永不放棄、韌性十足的耐力肌肉。」

吉羅斯最明白這個道理，他的履歷寫滿了他驚人的韌性帶來的成就。一九九六年，二十一歲的他在一次訓練任務中降落傘失靈，導致背部骨折。「我本該切斷主降落傘、改用後備傘的，但我認為還有時間解決問題。」他在一次受訪中提到。[13] 面對三節椎骨骨折的事實，他被認定不可能完全復原，然而他做到了。「我差點就不能再走路了……所以我對生命充滿感激。我覺得自己得到了第二次機會。生命對我的要求，就是積極而勇敢地生活。」[14] 十八個月後，他登上了聖母峰的峰頂。

但這種永不放棄的精神並不是憑空而來的，吉羅斯告訴我們，不論什麼時候，他完成任務的能力都取決於他所處的社會環境。最重要的是，要找到高度重視「公正」這項特質的人際關係。他以一項戰功為例，說明平等對待彼此的重要性。

「克里斯．卡特是我加入特種空勤隊時的士官長，」他說，「他是一個大塊頭，脾氣暴躁、剛愎自用、個性強硬，但很善良。最重要的是，他很公正，這對我造成了深遠的影響，尤其是做為一名年輕的士兵。他**在對的時候關照對的人**。」

吉羅斯在回憶那段對他的領導方式影響最深的經歷時，聲音開始哽咽。「我們一起在沙漠中等待裝備和水的補給，當時已逾期三天。我們沒有水了，躲在滾燙的潛伏點。我們一直在節約用水，我喝完了我的，而克里斯聰明得多，把配給的量算得很好。」

「我們在夜間行軍，要走漫長的二十公里才能抵達直升機旁，這時我真的快不行了。然而，我這一輩子永遠不會忘記他接下來做了什麼。當時我們已經行進六個小時，他就這麼靜靜地把我拉到一邊，要我喝下他最後一瓶蓋的水，在那個時候，這一蓋子的水就像黃金一樣珍貴。」

吉羅斯接著說，「他沒有當著大家的面做這件事。起初我很抗拒，我說：『不，我還可以，我

還可以，我很好。』他沒有多說什麼，只是說：『把水喝了。』他用那小小的瓶蓋，給了我多少水都給不了的力量。」

那一刻令吉羅斯永難忘懷。「克里斯不幸在阿富汗捐軀，但對我來說，他是不朽的。我一直記得那一刻，多年後，我把這件事情告訴了他的家人。我記得的不是他的作戰能力或是他全能的才智，而是他的善良。我一直試著活出他的一點點精神。」[15]

克里斯對吉羅斯的人生所產生的強大影響，是受到一種驚人的心理力量支撐，這種力量源於感覺有人公正地對待我們。行為經濟學領域中最著名的實驗之一「最後通牒賽局」（ultimatum game），證明了平等對人類心理的重要性。

最後通牒賽局的規則是，兩個人必須就如何分配十英鎊達成共識，[16]不過每個參與者各有不同的角色。首先，「提議者」提出一項方案，例如，我拿九英鎊，你拿一英鎊。接下來，「回應者」可以選擇接受或拒絕，一旦拒絕，兩個參與者都拿不到錢。

理論上，「回應者」會接受任何提議，即使只能分到一便士。如果接受提議，他們會拿到一些錢，一旦拒絕，他們一分錢也得不到。因此，「理性」的提議者會盡可能少分一點錢給他們的夥伴。這麼做完全合乎邏輯。

然而實際情況並非如此。壓榨對方的提議幾乎總是被拒絕，人們寧可放棄白白得來的錢，也不願意接受提議者自己占了大部分的錢，這是他們認為不公正的行為。有趣的是，提議者往往能夠預料到這種情況，因此分配時表現得相對慷慨，基於這個原因，完全公平的五五平分是最常見的提議。

而公正分配的心理影響非常強大。正如任教於加州大學洛杉磯分校、精通「最後通牒賽局」的歌娜孜．塔比尼亞（Golnaz Tabibnia）教授說的那樣：「收到公正提議所啟動的腦迴路，跟我們吃到渴望的食物、贏錢或看見美麗的臉龐時所啟動的腦迴路相同。」[17]

這提示了尋找強大社會環境的最後一個要素。能讓我們茁壯成長的地方，以及能讓我們茁壯成長的人，往往是那些讓我們受到慷慨和公正對待的地方和人。所以，如果你想找到一個滋養的環境，一個能讓你活出最佳狀態的環境，試著尋找能給你公正待遇的人，那些尊重你、平等對待你的人，那些你猜想會在最後通牒賽局中跟你平分錢的人——或是會給你最後一杯蓋水的人。

吉羅斯言簡意賅總結道：「善良是王道。如果你是個混蛋，就算登上人生的峰頂也毫無意義——無論那座山是取得學位、創業還是其他東西。」[18]

課程總結

你身邊的人如何影響你的行為？他們會幫助你成功，還是會導致你失敗？

- 人際關係是世界上最強大的力量之一。我們身邊的人對我們的行為產生了巨大影響，如果我們真心想要改變，就必須找到能激發我們最佳特質的社會環境。
- 這要從擁抱友誼的革命性力量開始。朋友——**真正的朋友**——會激勵我們清晰地思考、有創造力地行動，並承擔計算過的風險。他們會鼓勵我們改變，即使改變困難重重。
- 而這麼做會持續為我們建立的每種關係帶來強烈的**平等感受**。當我們受到公正對待，我們的心會覺得自在，行為也會更加妥貼周全，這是我們開始奮力改變自己的完美基石。

第3步

戰鬥

每個人都會遇到挫敗，
你的責任就是超越它們。

當事情分崩離析，
唯一不變的是希望。

第5課 » 改變的障礙

泰森・福瑞（Tyson Fury）是一位戰士，而且他面對的戰鬥比你以為的更多樣化。

當我們跋涉到這位世界重量級拳王的家鄉蘭開夏郡莫克姆鎮（Morecambe）與他會面時，這位六呎九吋（編按：約二〇六公分）的大塊頭剛剛結束清晨的跑步，汗流浹背地現身。他不是鬧著玩的，「我不常接受這種採訪，」他說，「我們直接開始吧！」[1]

隨著談話的推進，我們漸漸明白他為什麼很少接受採訪。從情緒的強度來看，這是一次令人精疲力盡的體驗。「我這輩子必須面對很多麻煩和創傷，」他告訴我們，「我已經習慣讓自己進入最不舒服的情況。如果你能學會這麼做，你就會在自己的領域取得成功，或者是展現出高績效。」

福瑞故事的某些部分已廣為人知，從他長期對抗精神疾病，到他在二〇一五年驚人地躍升為世界重量級拳王。但他最想談論的，是那場偉大勝利結束之後的日子，那段時期將被證明是他此生最艱苦的戰鬥。

該年十一月，福瑞在德國擊敗弗拉基米爾・克里契科（Wladimir Klitschko），成了世界重量級拳王，但他幾乎立刻從雲霄跌落地面。在節目訪談中，福瑞向我們描述他在獲勝當晚回到旅館的情形。「我記得我躺在床上想，希望這不是一場夢。我睜著眼睛躺在那裡，無法入睡。我想，就算現在死了，我也圓滿了。我的人生不再有任何目標，我已經實現畢生的夢想。」福瑞當時二十七歲，已經完成了他的一切目標：成家、賺錢和出名。

「我擁有了一切，」他說，「但從那一刻起，在接下來的十六個月中，我沒有一天不想死，沒有一天不希望死亡降臨我身上。」

這就是麻煩開始的時候。福瑞說，「羅比・威廉斯（Robbie Williams，編按：英國流行樂天王）後來告訴我，這叫做天堂症候群（Paradise Syndrome）。」這種症狀有時被認為歸屬於累積了巨大成功，以至於覺得人生沒有其他目標可以完成的人，福瑞就是典型的例子。他承認，他的雄心壯志——「打敗克里契科並成為拳王的這個不可能的夢想」——幫助他控制住了精神疾病。夢想實現後，他的生活隨之四分五裂。

「我迷失在兩個角色之間：泰森・福瑞，一個身為丈夫、父親、兒子、精神病患，並且很喜歡打拳擊的傢伙，」泰森回憶道，「他是一個充滿瑕疵的人物。很普通、很胖、禿頭，有時也很懶。然後我有了吉普賽之王（Gypsy King）的角色，他從來沒有遭遇任何麻煩，生活中也沒有任何糾葛，那個人所向披靡。這兩個角色糾纏在一起，我無法區分他們……這對我來說非常非常困難，我迷失了方向，無法脫身。」

對福瑞和他的家人來說，登上拳王寶座、實現兒時夢想之後的三年是一場煎熬。他罹患恐慌症，對任何事情都提不起興致，就連拳擊也是如此。在最低潮的時候，他曾認真考慮自盡。「我買了一輛全新的法拉利敞篷車，車速飆到每小時一百九十英里，朝一座橋駛去，」他在一次採訪中說，「我什麼都不在乎，就是很想去死。」[2]

然後他恢復理智。福瑞告訴我們，一個聲音向他傳來：「別這麼做。想想你的孩子沒有爸爸陪著長大。」福瑞說：「我把車子停靠路邊，心臟都快要跳出來了。我淚流滿面，大口大口地呼吸。」福瑞頓了一頓，「就在那一刻，我知道自己必須馬上去看醫生。」

福瑞的復原並不容易，事實上那是一個持續的過程。到了二〇一八年初，他發現藥物和定期運動對他很有幫助，這慢慢重新燃起了他對拳擊的興趣，專注於拳擊幫助福瑞遏制了他的毒癮。他重新找回拳擊的體能狀態，並且重返擂台，連續贏得兩場勝利。

然後在二〇一八年十二月，他做了一件非比尋常的事。他在一部坦誠而感人的紀錄片中公開分享他的憂鬱症帶來的創傷之後，同意跟在他缺席期間繼任拳王的人——打不倒的德昂泰・維爾德（Deontay Wilder）——進行一場比賽。每個人都說，體能不佳且三年來沒有認真打過一場比賽的福瑞毫無勝算，他們沒有把吉普賽之王放在眼裡。

在驚歎聲連連的洛杉磯一萬八千多名觀眾面前，福瑞在十一個艱苦回合中略勝維爾德，直到災難在最後一個回合來襲。他有如殘樹一般倒下，頭撞到拳擊台上的帆布，看起來似乎當場失去了知覺。

維爾德做了一個割喉的手勢以示慶祝，福瑞則軟趴趴地倒在一旁。不過，接著不可思議的事情發生了，當裁判數到六，福瑞抖了抖，動了起來，數到八時，他開始用力站起身。人們不可能不拿這場比賽跟他本人的重返人生之旅相比擬。

不可思議的是，福瑞接下來以全然的掌控力結束了這場比賽，維爾德只能絕望地抓住擂台邊緣不放。

這場比賽被判為平手。但福瑞在後來的兩次交手兩度擊倒維爾德，證明了他技高一籌。對於一個數月前還處於人生最低谷的人來說，這是一次令人咋舌的復出。

福瑞的故事闡釋了改變人生之旅的第三步。到目前為止，我們已經探討了如何認清更好的生活（夢想），以及如何踏出實現夢想的下一步（躍進）。但現在，你面臨了旅程中最艱難的部分：戰鬥階段。

當你踏上改變之旅，一般會在一開頭感到精力充沛、躍躍欲試，旅程結束時也會有同樣的感覺。真正的掙扎多半發生在中間階段，也就是作家布芮尼．布朗（Brené Brown）所說的「混亂的中段」（messy middle）。[3]想想處於人生最低谷的福瑞，距離實現夢想——完全恢復健康並擊敗維爾德——他還有很長的路要走。此時，每件事情感覺都很挫敗，而終點仍然遙遠得令人心驚。

根據哈佛大學商學教授羅莎貝斯・摩斯・肯特（Rosabeth Moss Kanter）的說法，這是改變之旅最艱難的部分。「在中間階段，有些時刻你感覺似乎無法繼續前進，你感到不安，目標似乎非常遙遠。在中間階段，我們都會心生動搖，就連信念堅定的人也不例外。」在一項針對數百個包含私人和工作方面的重大改變的研究中，她發現這是人們極有可能放棄希望的時刻，放棄的人數高得不成比例。[4]

但是有一個解決辦法。就像泰森・福瑞在旅程中段也想過放棄，阻止他恢復體能狀態的障礙實在太大了，但是他成功克服了每一道障礙，進而實現了他最瘋狂的抱負。我們每一個人都可以跟隨他的腳步。

在這一課中，我們會深入探討我們會遇到的三個最大障礙：恐懼、不確定性和懷疑，並說明如何一一克服。每個人都會遇到挫折，你的責任就是超越它們。

因為有一點是肯定的：當事情分崩離析，唯一不變的是希望。無論你跌得多重，總有辦法讓自己從擂台的地板上重新站起來。

面對恐懼

七百四十四天。

僅僅兩年多，還不到一萬八千小時，這是英格蘭足球現代史上最重大的兩起劃時代事件之間的時間長度。其中第一個日期，二〇一六年六月二十七日，標誌著一般認為是英格蘭近年足球史的最低點：當年在法國舉行的歐洲錦標賽中，英格蘭足球隊在第一輪的淘汰賽，以令人沮喪的二比一，輸給人口不到四十萬的冰島，黯然出局。

第二個日期，二〇一八年七月十一日賽事結束後，宣告英格蘭將在世界盃準決賽對戰克羅埃西亞。這是英格蘭足球隊自一九九〇年令人扼腕地敗給西德隊以來，在世界盃賽事中走得最遠的一次。

發生怎樣的改變？一支毫無志氣和信心的球隊，一支被「火山比職業足球員還多的國家」擊敗的球隊，如何在短短兩年間成為全世界最厲害的隊伍之一？

在回答這些問題時，免不了先看看球隊新增了什麼。是因為新的總教練加雷斯．索斯蓋特（Gareth Southgate）到任嗎？這確實發揮了作用。但單靠一個人不能如此迅速改變一支球隊，畢竟，在此之前，他唯一的球隊管理經驗就是帶領米德斯堡隊（Middlesbrough）從英超降級。

還是因為大量湧入了更年輕，更有天賦的球員？也許吧。但儘管英格蘭隊在場上的球風、氣勢和樣貌都和當年那支灰頭土臉離開法國的球隊截然不同，但在七百四十四天後，當初對戰冰島的十四名球員仍有九名留在陣中。

與其看看新增了什麼，不如將改變歸因於拿掉了什麼——也就是讓那麼多頂尖球員在穿上國家隊球衣後陷入癱瘓的一個顯著因素：據索斯蓋特說，那是壓在他們背上的一股「沉重」力量。我們談論的是**恐懼**。

恐懼研究是皮帕．葛蘭琪（Pippa Grange）博士的畢生事業。她在二〇一七年被足球總會聘為人才和團隊發展主管，任務是建立球隊的韌性，勇於面對媒體的審視。為此，她選擇將重心放在創造安全感。

在她的著作《內在獲勝》（*Fear Less*）中，葛蘭琪明確解釋為什麼她認為恐懼是一種極其邪惡的力量。[5]「我們每個人都會經歷兩種類型的恐懼，」她說，「第一種是『當前』的恐懼。」一這用卡車向你衝過來，你需要趕緊閃避的那一瞬間來說明最容易理解。她解釋到，這是演化過程中不可或缺的恐懼，對我們的生存至關重要。

但還有第二種更邪惡的恐懼在暗中作祟。那就是「不夠好」的恐懼，這種恐懼更龐大、更廣泛，也是阻礙我們做出改變的最大障礙之一。葛蘭琪說：「要控制這種恐懼，需要花更長的時間。」一通常表現為完美主義或自我厭惡，這是一種無益的力量，無論你是在努力培養新技能、建立人際關係，或是試圖擊敗冰島足球隊。

當我們奮力改變自己的人生，這種恐懼是最大的障礙，對我們毫無益處，而且可以被消除。怎麼做？在我們精彩的討論過程中，葛蘭琪為我們提供了解決「不夠好」恐懼的三步驟療法。她稱之為「看見、面對、取代」法。

第一步是**看見自己的恐懼**。這是一個簡單的步驟，只需要問自己：我到底在怕什麼？花點時間停下來想一想，甚至寫下來，是什麼讓你如此惴惴不安。葛蘭琪提供給個案的一個有用方法，是鼓勵他們用視覺語言描述自己的恐懼，她指的不是抽象的感覺，而是實體的事物，也許是一頭有眼睛、爪子和鼻子的野獸，或是籠罩在你頭上的一片烏雲。她曾說，「圖像擁有語言不一定具備的質感和色調。」[6] 圖像越生動，你的恐懼就越清晰。

第二步是**面對你的恐懼**。試著對你的恐懼建立更清晰的了解，越詳細越好。同樣的，問自己幾個簡單問題會很有幫助。是什麼讓這項任務如此可怕？是否觸發了過往負面經驗的記憶？是否因為任務看起來太困難、期限太趕，或是參與其中的人看起來太嚇人？同樣的，停下來寫下你的答案。你對眼前的問題能有一個清楚而詳細的認識嗎？

最後是最重要的第三步：**替換你的恐懼**。葛蘭琪在書中說，一旦我們清楚知道自己害怕什麼，就可以開始用別的東西取代它，無論是開懷大笑或抱持熱情。怎麼做呢？她的方法之一，就是動手為自己寫一篇「不同的故事」。她曾說：「**故事以極其戲劇性的方式向我們傳達訊息**，我覺得也許我們沒有意識到，撰寫這些故事的筆有多常握在我們自己的手中。」[7] 你無法改變你的環境，但你可以改變你的故事。

所以，花點時間停下來問自己：關於這種恐懼，一個更令人振奮的說法會是什麼樣子？如果我是能克服這個障礙的人，情況會如何？我會有什麼感覺和想法？有沒有辦法立刻體現這個新版本的「我」？

親耳聽過葛蘭琪的方法後，我們逐漸意識到，比起球隊或管理者的任何更替，這種方法更能說明英格蘭足球隊在表現上的轉變。突然間，他們的文化中沒有了恐懼，例如，在英格蘭隊晉級世界盃準決賽之後，加雷斯．索斯蓋特強調，他特別關注球員告訴自己他們害怕什麼，他說，「我們跟球員談過寫下自己的故事這回事。」[8]這包括讓球員分成幾個小組坐下來，分享他們的生活經歷和焦慮，揭露關於他們的性格和動力中不為人知的真相。索斯蓋特說，重點是要建立信任，「讓他們更親密，更了解彼此。」[9]

這種方法幫助球員們第一次清楚地看見自己的恐懼，幫助他們面對恐懼，並真正了解恐懼的源頭。最重要的是，讓他們用一個新的故事取而代之：**一個較少著重於恐懼，而更關注於可能性的故事**。

方法奏效了。二〇一八年，當球隊在十二碼大戰中擊敗哥倫比亞隊、止住多年來的敗績，索斯蓋特解釋了為什麼面對和取代恐懼才是扭轉一切的原因。「今晚，他們證明了自己不必走從前的老路，」索斯蓋特說，「我們始終必須相信生命的可能性，不要被歷史或期望阻礙。」[10]

把你的恐懼具象化

我們承認，我們兩名作者都不是什麼厲害的畫家，因此我們大概不是最可能乖乖接受皮帕．葛蘭琪的邀請在紙上畫出我們的恐懼的人。一開始，我們太害羞，不敢以如此生動的方式將我們的恐懼具象化，更別提我們猜想我們的畫作恐怕連小孩子們都比不上。但我們不得不承認，勾畫出你的問題，確實對面對恐懼有幫助。

根據葛蘭琪所言，這是「一種讓表述的內容呈現更多描述性材料、更多無意識層面和事情基調的方式」，而且它奏效了。

透過把筆落在紙上，你會開始從完全不同的角度來思考你的困惑，甚至是實際看到你的問題。因此，我們在下面的方框中為你提供些許空間，邀請你畫下你在各個生活領域中可能面臨的恐懼。

別感到局促，請不假思索地去畫，看看會有什麼結果。到最後，你說不定會對自己面對的阻礙產生不同的理解。

你最大的工作問題……以怪物示意。

你對未來最大的恐懼……以人物示意。

你最大的情感問題……以景物示意。

你最長久的自我懷疑……以建築物示意。

消除不確定性

艾迪．瓊斯（Eddie Jones）的整個童年總是感到格格不入。他在雪梨的郊區長大，母親是日裔美國人，父親是澳洲人，這樣的背景讓他與眾不同。他在*Life Lessons: From Sport and Beyond*（暫譯人生課題）[11]的podcast節目中說，他的學校班級約有三十名學生，「二十六個盎格魯撒克遜人，三個原住民小孩，還有我自己。」瓊斯接著描述他的母親如何鼓勵他秉持日本傳統習俗，去朋友家做客時帶著禮物上門。

小時候，他發現即使是這麼微小的差異也令他難堪，「其他人永遠無法理解為什麼要這麼做。所以，你是異類。」

在瓊斯的整個職業生涯中，這種格格不入的感覺一直揮之不去。儘管他在一九八九年代表新南威爾斯B隊（New South Wales B）出戰不列顛及愛爾蘭雄獅隊（British and Irish Lions），但也僅止步於此，他從未進入澳洲隊的先發陣容。

多年來，有些評論家認為這段痛苦經歷讓這位常年的局外人有必要證明自己，這是他整個教練生涯中反覆出現的主題。正如他在二〇一五年被任命為英格蘭隊總教練後承認的，他始終是一個局外人。他曾說，「我是在英格蘭橄欖球隊執教的澳洲人。」用一家報紙在人物特寫中的話來說，他是「英國的局外人」。[12]

但年輕的瓊斯料想不到的是，這種局外人身分最終會賦予他一份超能力。當他獲聘為英格蘭隊總教練，批評者認為他只是短期替補，不太可能在這份出了名的艱難工作堅持下去。然而，我們和他坐下來對談時，他在這個職位即將屆滿六年。怎麼回事？我們猜想，答案是他的背景給了他一種獨特的能力，去發現那些沒有把握能扮演好自身角色的人，並提供方法讓他們更有自信。

加入英格蘭隊不久後，瓊斯認定三位球員：詹姆斯．哈斯凱爾（James Haskell）、戴蘭．哈特利（Dylan Hartley）和克里斯．羅伯蕭（Chris Robshaw）是他的計畫中不可或缺的成員。這個舉動充滿爭議，他們在二〇一五年世界盃的表現都不怎麼出色，哈特利甚至因為遭到禁賽而錯過了比賽。但瓊斯認為他能看到未經雕琢的天賦，這些人只需要一位有眼光的教練來解鎖他們的能力。

他對其中一人特別感興趣。「詹姆斯．哈斯凱爾製造的噪音足以抵過整支球隊，」瓊斯在他的回憶錄中寫道，[13]「我最初猜想（他）是個相當缺乏安全感的人，試著用大聲叫嚷和插科打諢來掩飾自己的脆弱。」這正是瓊斯在自己身上認識到的那種局外人境況。「他只是想要被關愛。」瓊斯說。

瓊斯猜對了，哈斯凱爾本人也承認這一點。他曾說，入行以來，他一直對自己的位置沒把握。「我從不覺得自在，」哈斯凱爾回想起瓊斯加入球隊之前的日子。「我會在一次比賽中拿出全場最佳球員的表現，或者起碼是數一數二的表現，但是下週就被棄用。教練們會說：『我們絕不會在球員打出一場精彩好球之後棄用他』，我會說：『那我呢？這又是怎麼回事？』他們會說：『說得有理，但是……』我覺得他們不懂得如何激發我的最大潛能。」[14]

這種前後不一的作法產生了不確定性，妨礙哈斯凱爾善盡自己的職責，他總是糾結於他的一舉一動會如何損害自己的地位和位置。「這會造成你內耗，百分之百，」哈斯凱爾說，「我一直對自己的橄欖球球技很有信心，但在英格蘭隊上，我必須調整自己的行為。」[15]就在他應該為英格蘭隊拚盡全力時，他卻感到惴惴不安，士氣低落。

然後瓊斯來了。「哈斯凱爾沒有足夠的勇氣做自己，」瓊斯告訴我們，「我試圖做的，就是讓他做自己。」最重要的是，這意味著讓哈斯凱爾得到足夠的信心，放棄不認真的搞笑態度，並對自己在球隊中的地位產生一股確定感。「在二〇一六年的六國賽（Six Nations）開始時，我保證整個賽事都會有他的一席之地，」瓊斯說，「**我想讓他相信自己**，同時也為他減輕一點壓力。」

這個決定對球員產生了立竿見影又強大的影響。「我第一次置身一個真正讓我感覺受到尊重的環境，」哈斯凱爾後來說，「大家像成年人一樣跟我說話，他們想聽我的意見，這讓我有信心上場比賽，我感到被賦予了力量。我不覺得自己是在走鋼索，只要犯一次錯，就會被直接甩掉。」[16]

瓊斯只是小小插手，結果卻創造了奇蹟。在接下來的兩個球季，哈斯凱爾交出前所未有的亮眼成績。

他最棒的時刻來自二〇一六年夏天的系列賽，他們以三勝零負的戰績橫掃了澳洲隊。哈斯凱爾當之無愧地被其他球員譽為「系列賽最佳球員」，因為他帶隊將澳洲的傑出後排打得落花流水，他是一位脫胎換骨的球員。

為什麼艾迪．瓊斯只是簡單地投下了信任票，就能讓哈斯凱爾徹底改頭換面？答案或許跟大腦如何適應不確定性有關。其中的科學原理很清楚：人腦討厭模稜兩可、不明確的情況。

在一個很受歡迎的關於這項主題的研究中，志願者有機會回答三道問題，並因此獲得獎勵。但首先，他們必須做出選擇，他們可以選擇聽取問題的正確答案，並被告知自己的答案是對還是錯，或者他們可以選擇拿到一塊巧克力，但永遠不會得知正確答案。問題是，並不是每個人都面對同一版本的實驗，有些志願者在提問之前就有機會選擇獎勵，有些則在提問之後。

實驗結果耐人尋味。如果在提問之前得到選擇權，大多數人會選擇巧克力棒。但是，聽完問題之後才得到選擇權的那組人，更傾向於選擇聽取答案。換句話說，一旦投入了任務，不確定性就變得令人難以忍受，他們甚至願意犧牲獎勵來消除不確定性。[17] 人類的心靈厭惡不確定性，會想盡辦法去除它。

我們為什麼如此糾結於不確定性？嗯，當你的大腦遭遇任何形式的疑慮或模糊性，你的潛意識會閃現一個警示信號：注意！前方可能有威脅！我們必須解除這種警報才能再次感到安定。匹茲堡卡內基美隆大學（Carnegie Mellon University）的行為經濟學家喬治・羅文斯坦（George Loewenstein）將不確定性帶給我們的痛苦形容為「精神上的搔癢，就像大腦被蚊子叮了一口」，[18]這使我們難以展現出自己的最佳水準。不確定性讓我們無法集中精神，無法一心多用，並阻止我們承擔成功所需的風險。

這正是瓊斯接掌英格蘭隊之前，哈斯凱爾腦中發生的情況。他從未對自己的位置有信心，所以從來無法放鬆。由於他從來無法放鬆，所以從未發揮他應有的水準。藉由消除這種不確定性，瓊斯把他變成了明星球員。

因此，不確定性是改變的第二大障礙，尤其當你處於戰鬥階段時。你可能也曾親身經歷這種情況，你是否曾因為對目前的工作沒有足夠信心而糾結於是否申請升職，即便所有證據都表明你績效優異？或者因為擔心隨時可能分手而不敢投入一段新的感情？在這兩種情況中，不確定性都阻礙了你尋求你想要的改變，我們每個人都會遇到這種情況。

但這個障礙也可以被超越，而且相對容易。訣竅就在於替自己投下信任票——就像瓊斯為哈斯凱爾投下的那一票。

破除懷疑

二〇一九年六月，當利物浦足球俱樂部的隊長喬丹．亨德森（Jordan Henderson）舉起歐洲冠軍聯賽的獎盃時，心中第一個念頭就是去找他的父親布萊恩。他們倆各自攀登了自己的高山，在這頂峰上相會。

之前幾年裡，布萊恩成功擊敗了喉癌，而同一時間，喬丹則對抗了來自內部和外部的嚴峻質疑，帶領他的球隊走上了歐洲足球的頂峰，這段旅程並不輕鬆。對亨德森來說，他的戰鬥階段是由惡毒的公眾批評、幻滅、心碎以及曾有可能被賣到富勒姆足球俱樂部（Fulham）的風險所定義，而他的父親則在跟危及性命的疾病搏鬥。他在這段困境中展現的韌性，正是他的著名教練尤爾根．克洛普（Jürgen Klopp）在宣布他對利物浦的使命時所說的：「將懷疑者轉變為信徒」的最佳體現。[19]

很少人知道亨德森的處境有多艱難。我們坐下來錄製 podcast 時，他告訴我們，他的職業生涯長期承受著無法形容的壓力，這些壓力又因一些關於如何克服壓力的無益信念而加劇。亨德森在巽德蘭（Sunderland）出生長大，他在自傳中描述了當地文化：「在我的家鄉……當遇到難事的時候，咬牙撐下去就對了。我想要幫助別人，但我不擅長接受幫助，我總是為自己築起一道防護牆。」[20]

這種作法最終會付出代價。「從前，回到家鄉時，我常常心情不好，」亨德森談到他早年在球隊的艱苦歲月時說，「我當時還年輕，還在學習如何應付這種情況。」[21]每個人都看得出亨德森具有成為世界頂級球星的潛力，但他們也看出他陷入了掙扎。

有一天，在絕望之際，他決定去找當時在球隊任職的精神科醫師史蒂夫．彼得斯（Steve Peters）醫生求助。亨德森告訴我們，「我後來常常和史蒂夫聊天。」彼得斯當時已因為改變了英國的自行車文化而負有盛名。在之前的一集節目中，曾獲得多面奧運金牌的自由車選手克里斯．霍伊（Chris Hoy）告訴我們，彼得斯是他每一次成功的背後功臣。[22]彼得斯的方法很簡單，首先，不要把關注焦點放在行為上，而是放在信念上，因為我們對自己的信念是決定結果的關鍵因素。

聖誕老人就是一個很好的例子。你還記得第一次聽到關於聖誕老公公的時候嗎？這個故事可能帶有一絲可怕的警告意味：他會不會從你家的煙囪走下來，取決於你相信什麼和你做了什麼。如果你信他，他就會來；如果你不信，他就不會來。如果你很乖，他就會來；如果你調皮搗蛋，他就不會來。如果要把整件事用一條簡單公式來表達，那就是：

你的信念＋你的行為＝結果

在此，至關重要的是，對聖誕老人的信仰實際上導致了行為上的改變。如果你相信他會帶著禮物來到乖孩子的家裡，那麼以改變行動作為回應就完全合乎邏輯。**信念**的改變會導致行為的改變，行為的改變則會導致結果的改變。成人的行為也非常類似，我們對自己的信念會影響我們的行動，而我們的行動最終會決定我們的結果。

我們最初透過克里斯．霍伊接觸到這套見解，對亨德森產生了顛覆性的影響。那是彼得斯傳授給這位年輕足球員的其中一課，這一課為他提供了改變信念的方法，進而改變了他的行為。隨著時間推移，彼得斯幫助亨德森看清，堅持自己的舊信念——當遇到難事，咬牙撐下去就對了。我總是為自己豎起一道屏障——阻礙了他的成功。這種認為自己必須堅強、沉默，成為一個無法向他人求助、也不願向他人求助的人的信念阻礙了他，彼得斯的見解幫助亨德森贏得歐冠聯賽的獎盃。

因此，我們的有害信念就是阻礙改變的第三大障礙。除了恐懼和不確定性之外，我們的信念也會讓我們誤入歧途。想想下面的問題：你是否曾決定不找人幫忙，因為覺得那會讓自己看起來很弱？或是認定某項困難的任務根本不可能完成，所以甚至還沒開始就放棄了？或是告訴自己某人真的不喜歡你，所以沒必要花力氣跟他們來往？

所有這些都是我們允許自己抱持的有害信念，它們影響了我們的行為，並進而大幅改變最終的比賽結果。但問題是，如同喬丹．亨德森的例子，這些故事是可以改變的，我們其實可以選擇用更好的方式來描述這個世界：重新整理你的想法、信念和行動，以獲得一個不同的、更積極的結果。

怎麼做？我們最喜歡的方法之一，就是坐下來評估你告訴自己的事情究竟有幾分真實性。當你下次遇到阻礙你的信念，「那些人不喜歡我」或「我做不了那件工作」，請拿起紙筆，做一件難以想像的事：把它寫下來。

首先，盡情抒發你的沮喪、悲觀和痛苦，不要保留，全部寫下來：「我看到他們在耶誕派對上笑我」、「我試著邁出第一步卻做不到」。但下一步就要樂觀一點，試著平衡一下，寫下是否有別的角度的看法：「我只聽到一點點對話，他們說的可能是其他事情」、「我以前也完成過類似的任務，雖然很難，但我還是設法完成了」。最後，讀完每一項陳述，然後問自己一個簡單的問題：這是真的、假的，或是你也不知道？現在，退一步看看你的整體得分，你的信念有多真實？能有別種角度的看法嗎？

根據我們的經驗，這個練習是可以打破阻礙我們的負面思考模式的有力方法。我們都會說服自己相信一些不實的事情，沒有人喜歡我、我做不到，但是我們都有能力將這些信念轉變為正向的想法。只要這樣做，改變的戰鬥就會變得容易一點。

課程總結

- 橫亙在我們的現狀和理想狀態之間的最大障礙是什麼？如何超越它們？
- 戰鬥階段將是改變之旅中最困難的部分。這是「混亂的中段」，你已經開始追求新生活，但終點似乎還遙不可及。
- 透過找出你面臨的最大障礙並一一排除，你可以奮力闖過戰鬥階段。首先是**恐懼**，找出你告訴自己的可怕事情，並設法了解它們，這樣就可以反過來替換它們。
- 其次是**不確定性**。當我們不確定自己的位置，就幾乎不可能繼續戰鬥。但是，只要給自己一點點信心，提醒自己不忘已經取得、以及未來將繼續取得的所有成就，我們就能以信心取代不確定性。
- 最後，**懷疑**。我們每個人都有懷疑自己的時候，但這些懷疑往往是有害的錯誤信念而不是事實。藉由退一步評估你的真正能力，就會給自己機會再戰一日。

我們都會面臨挫折，
問題是我們如何解讀挫折。

第6課 » 重新詮釋挫折

在確診罹患了不治的運動神經元疾病之後，羅伯·貝洛（Rob Burrow）頒布了一條「不流淚政策」。事實證明，他的妻子琳賽比我們更能做到。

琳賽向我們描述他確診後的幾星期和幾個月，那時他們結婚快十年了。「我們得知消息後，我還得緊接著帶孩子們去游泳，」她說，「我就那麼坐著，整個人嚇呆了。」幾天之後，驚滔駭浪般的情緒——悲傷、憤怒和悔恨——才猛然朝她襲來，充分發揮威力。有一次，她站在自動提款機前，心煩意亂地想不起密碼，頓時哭了起來。她在一次採訪中回憶道，「我當時即將崩潰。」[1]

但羅伯擁有「凡事都能看到積極面」的高強本領。「羅伯是一座力量之塔，」琳賽說，「他會說，『振作起來，遇到問題就去解決。』從許多方面來看，這句話有如醍醐灌頂。」他有一種獨特的能力，可以客觀理性地看待事物。「我想，羅伯是正在經歷這一切的人，如果他都能如此正面積極，我也要為他維持正能量。」琳賽在《高效能》節目上的訪談，可能是我們做過最感人——是的，也是最催淚——的一集。琳賽勇敢堅定、鼓舞人心，用了將近一小時來說明她在建立宏觀視野和保持樂觀態度上的心得，以及她如何在最折磨人的情況下運用這些能力。

這對夫妻相識在琳賽只有十二歲的時候，兩人是青梅竹馬的戀人。二十年後，他們一如既往地相愛，在北英格蘭的里茲享受著幸福美滿的婚姻生活，並育有三名子女：梅茜、瑪雅和傑克森。琳賽是一名物理治療師，羅伯則效力於里茲犀牛橄欖球俱樂部（Leeds Rhinos），曾為球隊贏得八次總決賽冠軍，被譽為當代最偉大的橄欖球球員之一。然後在二〇一九年十二月，他們的生活發生了翻天覆地的變化，三十七歲的羅伯被告知只剩下幾年的生命。突然之間，琳賽面臨了失去摯愛的未來，要在父親缺席的情況下將他們的稚子撫養長大。

然而琳賽依然非常堅強。怎麼做到的？答案就在於兩人如何重新定義發生在他們身上的境遇。琳賽告訴我們，羅伯建議他們經常花時間想想自己這麼長時間以來是多麼幸運。「生命是為了好好生活，它是如此珍貴。**即使在逆境中，我們仍然可以快樂。**」她告訴我們。

這種樂觀心態不是與生俱來的，琳賽向我們解釋她如何強迫自己專注於刻意影響自己的情緒。「有些時候你會想：為什麼是我？」她告訴一位採訪者，「但後來我想到了羅伯，這讓我豁然開朗，因為我的肢體還可以做我想做的事……我看著羅伯，心想：如果他能如此積極，我又有什麼好抱怨的呢？和羅伯每天的經歷相比，我要做的事情根本不值一提。」[2] 最重要的是，這兩人已學會將心思集中在自己多麼幸運，能夠在最美好的年華認識彼此。「羅伯是個很棒的人，因為他，我才成為現在的自己，所以好的方面絕對大於壞的方面，」琳賽說，「我依然深愛我們在一起的每一分鐘。」[3]

琳賽和羅伯提供了如何應對逆境的深刻理解。謝天謝地，我們大多數人永遠不會經歷像他的病症那樣可怕的情況，但這不表示我們不能向他倆學習。這對夫妻為任何有可能經歷挫折的人——也就是我們所有人——樹立了一個榜樣。

當面對挫折，很多時候，我們會變成宿命論者。你今天心情低落，因此斷定自己將永遠心情低落。或者，你和伴侶發生爭執，因此斷定你們的關係宣告結束。人類喜歡尋找負面的證據，並且從中斷定事情永遠都會是錯的。

琳賽和羅伯提示了另一種方法。他們證明，當事情不如意時，你總是可以找到方法以積極的角度重新詮釋你的經歷。而當你處於改變之旅的戰鬥階段，比任何時候都更需要這一課。我們都會面臨挫折；問題是我們如何解讀它們。

所以，第六課的重點就是重新詮釋挫折。在這裡，我們會指出高效能人士在最艱難的情況看到光明面的三個技巧，它將證明，即使黑夜的至暗時刻也總有光明，有時就在地平線之外。

建立全面視野

如果你發現伴侶出軌，你會怎麼做？如果你最好的朋友發現他們的伴侶出軌，你會給他們什麼建議？花點時間思索這兩個問題，然後想想你的兩個答案，你在兩種情況下的建議是否有所不同？

如果是的話，那麼你剛剛體驗到了「所羅門悖論」（Solomon's paradox）造成的影響——這個悖論是以聖經中的一位國王命名，他以除了自己的人生決策之外，對其餘一切都充滿智慧而聞名。[4] 這個現象是心理學家伊格爾．格羅斯曼（Igor Grossmann）在進行關於人類決策的一項有趣研究時發現的。

格羅斯曼是加拿大安大略滑鐵盧大學的研究員，他很好奇我們給別人的建議和我們自己遵循的建議之間的差異，於是設計了一個創新的實驗。他將一百名有長期交往對象的學生分成兩組，第一組被要求想像他們的伴侶劈腿，第二組則被要求想像被劈腿的是他們最好的朋友，接下來這兩組都被問到問題，以判斷他們有效應對這種情況的能力。

結果非常驚人：給自己提建議的學生遭透了，為別人提建議的學生則表現出色。在「明智判斷」（wise reasoning）上，那些想像自己的朋友被劈腿的人得到高出許多的分數，比起想像自己被劈腿的人，他們能以更高的洞察力評估情況。正如格羅斯曼所言，他的研究結果「證明我們在對人際關係的困境進行明智判斷時，內心存在著一種新型態的偏誤」。[5]所羅門悖論並不限於我們的感情生活，它會在我們面臨困難時一次又一次出現。當我們自己遇到問題，不論是遭到背叛、丟掉工作或考試不及格，我們的情緒都會破壞我們看清事情的能力，在這些時刻，我們是全世界最不適合給自己建議的人，我們需要跳出自我。

但是要怎麼做？其中一個答案來自於高度緊張的一級方程式賽車世界，在這個競技場上，任何一次的轉瞬誤判都可能讓你陷入致命的危險。非常成功的紅牛車隊主席克里斯蒂安・霍納（Christian Horner）向我們解釋他如何成功讓他的隊員認清全局，方法是鼓勵他們跳出自己的思維，走進其他人的思維中。

在F1賽車的世界裡，車手之間發生衝突是司空見慣的事，即使彼此隸屬同一車隊也不例外。雖然共用一個後勤團隊，但每位車手都在爭奪領獎台上的一席之地，這就造成了車手之間既是隊友又是敵手的奇特動態。霍納告訴我們，他的職責就是防止這樣的環境導致他的車手之間發生衝突。「重點是要清楚表示這裡沒有自負的空間，」他說，「你知道的，一切都關乎團隊合作，**重點在於為彼此出力，而不僅僅是個人戰**。」

霍納必須使出渾身解數才能實現這個理想。二○一○年到二○一三年間，霍納的紅牛車隊持續站穩龍頭寶座，在魅力十足的德國車手塞巴斯蒂安・維特爾（Sebastian Vettel）帶領下，連續四年贏得車隊和車手總冠軍頭銜。

但事情並不容易，二〇一〇年，熱情好勝的澳洲車手馬克・韋伯（Mark Webber）帶領團隊加入維特爾的行列，他也有機會奪下總冠軍。韋伯曾向我們承認，他發現車隊的環境很艱難：「從管理角度來看，這真的、真的具有挑戰性，因為組織內部出現分裂，」他說，「態勢變得非常非常緊張。」

緊張態勢導致維特爾和韋伯之間發生多起激烈衝突。霍納告訴我們，「兩人共事後不久，彼此就開始爭強鬥勝，互不相讓。」首先，在馬來西亞的賽事中，這位德國車手故意無視車隊指令，從韋伯手中奪走勝利。後來，內鬥在二〇一〇年的土耳其大獎賽中沸騰，車隊的兩位車手發生碰撞，導致車隊最終丟失這場賽事的冠亞軍。

霍納明白他遇到了問題。兩名車手都被自己的野心蒙蔽，不但損害了自己的機會，更別提損害了車隊的機會。這是所羅門悖論的典型案例，他們過度投入於相互較勁，以至於看不出什麼對自己最有利。因此霍納決定做出一些改變，他告訴我們，「我想，我需要減緩緊張衝突，需要幫助大家看清全局。」於是，他策劃了一次介入行動。霍納的想法是邀請兩位車手開會，但是選址的用意是要轉移他們的視角——從自己身上轉移到他人身上。

霍納選擇的場址在哪裡？是倫敦的大奧蒙德街兒童醫院（Great Ormond Street Hospital for Children）。

在兩位車手見面之前，霍納安排一個上午讓兩位車手在病房度過一段時間。「我讓兩位車手見見正在經歷劫難的幾個孩子和家長，他們正在面臨令人心痛的現實問題。」預期的效果是要提醒兩人退一步思考，跳出自己的框框。霍納說，他希望這兩人想想，「比起這些可憐的孩子和他們的父母要面對的挑戰和痛苦，我們已經過得很不錯了。」計策奏效。「在那之後的一段時間裡，他們倆之間有了一定程度的尊重，」他說，「某些時候還是會爆發衝突……但這是個很好的提醒。」

霍納的方法提示了我們可以如何停止糾結於自己的問題，轉而從旁觀者的角度看待事情，這是解決所羅門悖論的經典方法：迫使這兩人停止執迷於他們之間的狹隘較勁，而是用朋友——甚至陌生人——的角度來看清楚事情。

你無需去醫院訪視就可以將這個方法運用在自己的生活中，就像霍納一樣，嘗試做一些事情來跳出自己的思維，並進入別人的思維。是的，這可能涉及到兒童醫院探訪，但也可以只是簡單地看場電影、閱讀、在公園與陌生人聊天，更好的是，嘗試以第三人稱向自己描述問題。在《高效能》節目中，冉甘・查特吉向我們介紹了著名心理學家伊森・克洛斯（Ethan Kross）的一些研究，研究認為以另一個人的身分與自己交談，可以幫助我們跳出自己的框架，進入別人的思維。[6]

這是個簡單的想法，卻可能具有顛覆的力量，因為它讓你意識到，你糾結的問題對周圍的人來說根本無足掛心，因此這些問題也許並不如你想像的那麼重要。

找到積極面

想像你剛剛登上聖母峰的峰頂，拍了一定得拍的「看看我！我站在世界之巔！」的照片，然後轉身下山。

這可說是整個登山過程中最危險的時刻：這時你最有可能失去自制力，開始幻想拿著一杯熱茶回到溫暖的床上。不過，就算你再怎麼小心翼翼，也沒有什麼能壓抑你的好心情。然後你回到基地營，前一天晚上登頂途中你在這裡歇腳，並留下額外的氧氣補給。你發現你的氧氣罐不見了，它們被偷了。

你會如何反應？大發脾氣，立刻開始抓賊？或是仿效罪行，轉而去偷另一個人的補給？還是會想辦法看到積極正向的一面？

這不是一個抽象的思想實驗，而是探險家尼馬爾．普爾加（Nims Purja）的親身經歷，他是我們在節目上採訪過最了不起的人之一。普爾加被一位記者形容為活生生體現了黑爵士（Blackadder，編按：經典英國情境喜劇中的主角）的名言：「他笑對恐懼，擰搗蛋鬼的鼻子。」他是我們見過最有活力的來賓之一，他的每一句話都充滿了對生活的熱情。[7]

普爾加曾經是英勇的廓爾喀戰士（Gurkha）和英國特種部隊的成員，過去十年裡，他大部分時間都在爬山，就像其他人遛狗那樣——帶著開朗的笑容，腳步輕快。但他爬的可不是普通的山，二〇二〇年，他以破紀錄的時間攀登了全世界最高的十四座山峰。之前的紀錄是由南韓的金昌浩（Kim Chang-ho）在二〇一三年所創，花了七年十個月又六天。普爾加則在短短六個多月的時間裡，開開心心穿過十四個「死亡地帶」，這些是海拔極高，以至於呼吸困難，極有可能犯下致命錯誤的地方。[8]

這只是一長串驚人成就中的最新壯舉。普爾加在尼泊爾長大，一直生活在貧困邊緣。「我們家很窮，」普爾加在一次採訪中解釋道，「小時候，我甚至連拖鞋都沒有。」[9]但他的幾個哥哥也是廓爾喀軍人，他們只寄了剛好夠普爾加上寄宿學校的錢回家。

年輕的普爾加就是在寄宿學校首次意識到自己具有異乎常人的韌性。他很快發現，以他的年齡來說，他的體能極佳，而且擁有極高的運動能力。他將這一點與自我提升的決心相結合，包括練習一些基本技巧來增強這些天賦才能。他告訴我們，「我會在凌晨一點起床，在襪子裡塞金屬棒出去跑步。」

他通往偉大運動員的道路已定。首先，他也成了一名廓爾喀軍人，然後六年後他通過精銳的舟艇特勤團（SBS）的選拔。他的廓爾喀同袍對他的能力有所懷疑，因為他成長於一個內陸國家。「他們不了解我，」他說，「我想加入舟艇特勤團，因為英國特種部隊是全世界最棒的，百分之百如此，不論哪個方面、哪個級別。」

由於在二十五歲生日之前就已完成了兩項驚人壯舉，當普爾加將目光投向另一個目標——

攀登世界最高的山峰——也許就不足為奇。儘管他在尼泊爾長大，卻從未見過（更別提爬過）聖母峰，但是一旦出現登頂聖母峰的想法，他就再也無法擺脫它，而且他很快發現，他擁有不尋常的登山天賦。在一個人工的海拔訓練中心，他得知他有一種在高山上生存的奇特能力：「我有異於常人的生理機能。」他曾經這樣形容。[10] 他對高海拔的適應力與大多數人不同，並不覺得困難。

這就是普爾加在二〇一七年發現自己距離聖母峰峰頂只有幾英里，試圖打破攀登聖母峰、洛子峰和馬卡魯峰（世界第一、第四和第五高峰）的世界紀錄，卻發現有人偷走了他的氧氣罐的經過。

「這．是．犯．罪。」普爾加一字一字地說，以免我們錯估了這項指控的嚴重性。「如果你的氧氣丟了，你可能會沒命。」

普爾加不僅僅是大師級運動員，也是說故事的高手。所以聽到這裡，他的兩名採訪者都感到忿忿不平，義憤填膺。「你做何回應？」我們問。

他的答案很了不起，不亞於事件本身。「很多人會直接暴怒，會責怪他人。」普爾加說。事實上，這也是他一開始的反應。不過他接著意識到另外一件事：以這種方式思考無濟於事，如果他開始糾結於誰偷了他的氧氣，唯一會發生憾事的就是他自己。他會失去專注力，會感到憤怒，而這些情緒可能會讓他更快消耗掉剩餘的氧氣。

所以他決定尋找一個更正面的故事。「加油！加油！」他要求自己，「一定找得出什麼東西。」最終，他想出了一個解答。他決定相信小偷是另一個技術較差、經驗較淺、驚慌失措的登山者。「我對自己說，我的氧氣被用於處理緊急情況，」他告訴我們，「有人還活著，因為我的氧氣被用來營救他們。」

這樣的轉念立即影響了他的心情，進而影響了他的表現。「我現在想到有人因為我而活了下來，這個念頭讓我很開心，」他說。正面的情緒讓普爾加能夠放下這件事，開始思考如何平安下山，繼續取得破紀錄的成就。「我現在知道**那可能不是真的，不過那是我能感受到的正能量**。」他說。這是他用來保持積極心態的獨門小訣竅。

普爾加的方法為我們提供了大師級的示範，說明應對挫折的第二種方式。很多時候，我們的大腦會本能地為任何變故尋找最壞的解釋，我的氧氣罐被偷了！沒有人喜歡我！全都完了！這有時可能是真的，大多時候則非如此。但是無論什麼時候，對自己訴說最糟的故事都不太可能幫助你提升表現，尤其當你處於混亂的戰鬥階段時。這就是普爾加的方法如此強大的原因：它讓我們找到一個更正面的故事，一個能幫助我們戰勝挫折的故事。

這類的認知再評估（cognitive reappraisals）是史上最偉大的心理學家之一，榮獲諾貝爾獎的行為經濟學家丹尼爾．康納曼（Daniel Kahneman）的其中一項興趣。對康納曼來說，人類的心智既是一項奇蹟，也極其容易犯錯。這位以色列心理學家花了五十年時間鑽研人們的自動思維過程，並在他的暢銷書《快思慢想》（*Thinking, Fast and Slow*）中總結了他的發現。

他在書中解釋，我們有兩種處理資訊的方式，在大多數情況下，我們的情緒化、本能、「快速」的頭腦（系統一）主導著一切，這通常有效。但是，當它並不受我們更冷靜、更善於分析的「慢速」頭腦（系統二）控制時，我們就很容易出現嚴重的誤判。

特別是，系統一會帶領我們對不愉快的經驗做出衝動且情緒化的反應。我們根據最直接（而不是最理性或最有益）的情緒編造出一個簡化的故事。正如康納曼總結道：「當你知之甚少，你會更容易把你知道的一切納入一個連貫的模式。」[11] 想想普爾加如何描述大多數人對挫折的回應：「人們會生氣，會責怪他人。」有人故意偷走我的氧氣，有人想傷害我。

但在這些時刻，我們可以強迫自己停下來，看看是否可以找到更正面的故事來述說。這涉及啟動我們的系統二，並提出一些簡單、合理的問題，為什麼會有人選擇故意偷走你的氧氣？對於所發生的事情，是否能有更善意的解釋？

了解這兩個系統有助於拯救普爾加的性命。他能夠避免系統一過度運轉，並運用系統二以更正面的角度來重新審視他岌岌可危的處境，說不定有一天，這個方法也會救你一命。當事情出錯，強迫自己停下來想想，並問自己一些問題。關於這次挫折，是否有另一個更樂觀的故事可述說？在這種情況下，我們如何看到積極的一面？

暫停維修站 *PITSTOP*

跳脫你為自己挖的坑

人類很擅長挖坑給自己。第一鏟：我們判定我們遇到了問題，第二鏟：我們找出越來越多的證據，第三鏟：我們認定這個問題完全無法解決。不知不覺間，我們讓自己陷進了一個六尺深的坑。一個可能很有用的方法是，向自己證明你有多麼容易說服自己遇到了問題，並且進一步想想如何解決問題。在這項練習中，你需要找一個搭檔，其中一人想出一個面臨的問題（注意，是溫和的問題，不要太激烈），而另一人則針對這個問題，按照下列順序提問。

題組A 請以一到十分為你的現狀打分。

問題出在哪裡？

你為什麼沒有達到十分？

這個問題存在多久了？

錯在哪裡？

誰最該被究責？

你從中遇到過最糟糕的經驗是什麼？

你為什麼還沒有解決？

你對這些問題的感覺如何？也許對於你面臨的問題嚴重性感到有點沮喪？這一次，嘗試重新進行問答——但使用下列問題：

題組B 請以一到十分為你的現狀打分。

你希望用什麼來取代問題？

你如何知道你已經得到自己想要的？

還有什麼會因此而改善？

你擁有哪些資源可以為你提供幫助？

你是否曾經取得類似的成就？

第一步怎麼做？

提出這些積極的、以解決方案為導向的問題，對你的心情產生了什麼影響？比起第一次提問，你遇到的問題是否變得比較容易解決？

說到給自己施加壓力，我們都是世界級大師。但只要一點點的正向思維，就可以克服這些壓力。

回想成功經驗

當我們準備跟我們節目的第一位好萊塢巨星嘉賓見面，我們以為他會從一群公關、宣傳人員和經紀人後面出現，任憑他們審查我們的問題，並提出一長串禁止討論的話題。事實上與此相反，馬修．麥康納（Matthew McConaughey）加入我們的視訊會議，他是獨自前來的，態度親切、配合度很高、敞開心胸在《高效能》節目上分享他的個人心得。這是一個飽經人生歷練的男人的風範，他早已學會如何正面迎擊生活拋給他的問題。

在德州的童年時期，麥康納目睹父母三度結婚、兩度離婚。而在此同時，他一路完成十二年基礎教育並進入大學，為追求律師事業做準備。正是在這段動蕩的年少歲月，他察覺用日記記錄自己的生活、想法和感受會很有幫助。這個過程最終催生出他非凡的回憶錄《綠燈》（*Greenlights*），他形容這本書是「三十五年來關於如何活出更多自我的領悟、記憶、蒐集和隨筆，以及尋找連貫的作法，讓他能夠親近生活並獲得更多滿足感」。[12]

對話過程中（由於兩地時差，當時我們這裡的時間已經很晚了），麥康納不斷提到這個深厚的往事資料庫如何幫助他制定決策：讓他能夠反覆轉變方向，同時依然秉持自己的價值觀和信念行事。每當他感到茫然，他都可以借鑒與過往抉擇相關的大量資訊。

尤其是，麥康納告訴我們他如何擺脫生涯中期的低谷，令大多數演員都很難東山再起的那種低谷。《紐約客》雜誌曾寫道，麥康納在「浪漫喜劇的陰溝裡度過了十年，拍的都是沒有挑戰性、充滿陳腔濫調的電影」，並說他被界定在一系列高片酬、低要求的角色，例如《二〇〇五撒哈拉》（*Sahara*）、《傻愛成金》（*Fool's Gold*）和《愛上新郎》（*The Wedding Planner*）。[13]

麥康納不喜歡這樣。「我注意到，這樣的標籤不會為我帶來跟真正的我以及我想做的事情相符的其他機會或其他事。」他在一次訪談中承認道。[14] 因此，我們很好奇，他是如何重新詮釋這個情況，讓他能夠沿著他想要的軌道繼續開展事業？

他的答案可以從那些日記中找到。「當事情進展順利，我們不會留意自己在做什麼以及為什麼這麼做。只有在不順心的黑暗時刻，我們才會欣賞光明。你需要能夠回頭看看自己的優勢是什麼，以及如何重新發揮優勢，」他告訴我們，「除非你這樣做，否則你會不斷踩到狗屎。」

麥康納描述的是我們可以在事情出錯時輕鬆運用的一個簡單（儘管違反直覺）的方法。尋找過去的成功經驗，看看它們對你今天面臨的問題有什麼啟示，過去的成功案例可以成為未來的成功模式。這種方法已獲得越來越多的科學支持，尤其是來自心理治療的一個新分支，叫做「尋解導向治療」（solutions-focused therapy）。在傳統的心理治療中，你和你的治療師會詳細探索你的問題，尋找你現在行為的根源，這可能需要數百節的治療、數千英鎊的花費，以及無數次的對話來探討你和母親的關係。但是，正如作家丹和奇普·希思在他們的精彩著作《你可以改變別人》（*Switch*）中所解釋的，半個世紀以來，我們已經知道了一種替代方法。[15] 這個方法與馬修・麥康納的作法有著驚人的相似之處。[16]

從一九七〇年代末開始，心理治療師史蒂夫・笛・夏德（Steve de Shazer）和茵素・金・柏格（Insoo Kim Berg）注意到，他們的當事人在談論自己的問題時，往往無法意識到或甚至承認他們不僅擁有克服問題的內在資源，過去也曾克服類似的問題。因此，笛・夏德和柏格建議借鑒過去的經驗，為未來找到解決方案。

聽完當事人說明他們的問題後，尋解導向治療師會請當事人以零到十分為他們的現狀打分：零分代表極度不開心，十分表示非常滿足。無論答案是什麼，接下來採用的第二個技巧都是一樣的，心理學家琳達・梅特卡夫（Linda Metcalf）提出所謂的「奇蹟問題」：「想像一下，在你睡覺的時候，奇蹟發生了，導致你前來這裡的所有麻煩都已獲得解決。你的世界現在是十分。早上起床時，第一個讓你覺得『哎呀，一定發生了什麼事——問題消失了』的小跡象是什麼？」然後是最後一個最重要的問題，你最後一次是什麼時候看到奇蹟成真的證據？

最後這個問題是心理治療師錦囊中最強大的工具之一，它顯示這個「解決方案」已經以某種形式存在於人們的生活中，因為它證明當事人已經擁有克服這個挫折的資源。如果問題以前曾經被解決，以後也可以再次被解決。[17]

這種方法——專注過去，從而學會以新的眼光看待未來——幫助改造了麥康納的事業生涯。他告訴我們，當他覺得與自己的事業生涯脫節，他通常會回顧自己的過往日記，來提醒自己表演最令他熱愛的是什麼。對過往的分析讓他做出了一個戲劇性決定：離開好萊塢，拒絕演出他發現自己已被定型的浪漫喜劇角色。「我離開了一段時間，當我停止拍攝浪漫喜劇，我不知道自己還得離開多久，沒有人給我我想要的角色。」他後來解釋說。[18]

他花了將近兩年時間，以鋼鐵般的決心拒絕了一千四百五十萬美元片酬的浪漫喜劇角色的邀請，才開始收到符合他實際興趣的片約。「離開影壇之後，看不到我在海灘上打赤膊，看不到我出現在你的客廳或浪漫喜劇中，我成了一個新的好概念，」他曾經開玩笑說，「麥康納跑哪兒去了？我們忘了這號人物了。」[19]

他的大銀幕回歸，他戲稱為「麥康納復興」（McConaissance），在二〇一四年得到認可。那一年，他憑藉在《藥命俱樂部》（*Dallas Buyers Club*）的精彩表演贏得了他的第一座奧斯卡獎，他在片中減重四十五磅，飾演一位被診斷出愛滋病的直男，並成為未經批准的ＨＩＶ藥品的主力經銷商。這麼說來，不算是浪漫喜劇。

麥康納的方法提醒我們如何在挫折面前茁壯成長。當事情無法盡如己意，我們本能地認定不僅自己無法解決問題，而且從來沒有人解決過。難如登天，你在放棄時這麼告訴自己。但事實上，在大多數情況下，我們都曾解決過這些問題。看看你的過往，你曾轉換過生涯跑道，你曾重建過你的人際關係，你曾學會過新的技能。這麼說來，你已曾經完成難如登天的任務。透過回顧過去，你會**記住你已經贏過的所有戰鬥**，而這會讓你精力充沛地重返賽場。

課程總結

有沒有辦法將你面臨的挫折視為契機，而不是問題？

・面對挫折時，我們很容易變成宿命論者，認定這個問題不僅限於此刻，更會永遠存在。但是還有另一種方法，我們可以學著**重新詮釋**我們面臨的問題，以便將它們視為次要的、可以克服的，而且不會決定我們的改變之旅的結果。

・我們如何才能從這個角度來看待我們的問題呢？首先**認清全局**，當我們在自己的思緒中鑽牛角尖，很難看清楚自己的問題，但如果從旁觀者的角度來看，我們通常就能了解真正的情況。

・其次，即使面對最令惱人的消息也要尋找其中的**積極面**。每種情況都有光明的一面，只需要一點點磨練就能找到它。

・最後，藉由**尋找過去的成功經驗**，提醒自己，我們以前也克服過類似的挫折，大多數的挫折都不是什麼新鮮事。問問自己，你上次是如何重振旗鼓的？

第4步

爬升

不要只在今天改變，
要永遠地改變。

持久的改變不在於某些瞬間，
而在於系統。

第7課 » 從行動到系統

「最頂尖的人從不厭倦練習基本功。」

蘇格蘭歷史上最具影響力的橄欖球教練之一正坐在我們面前，向我們說明高效能的祕訣。伊恩・麥吉漢（Ian McGeechan）用他獨特而輕柔的聲線，那是一種結合約克郡的成長背景與蘇格蘭生活經歷的語調，描述他如何為一個又一個勝利隊伍建立追求卓越的文化，其中包括北安普頓隊（Northampton）、倫敦黃蜂隊（London Wasps）以及最著名的不列顛及愛爾蘭雄獅隊。[1]

我們想像他即將揭露關於如何改變文化某種大格局、具有啟發性的理論，我們想錯了。「我稱之為世界級基本功，」麥吉漢告訴我們。那做起來就像聽起來的一樣簡單。「**每個位置或每個角色都有符合該角色的特定技能，最頂尖的球員能夠在關鍵時刻發揮作用。**」麥吉漢解釋。這些微小而基本的技能——持續傳出好球、持續達陣得分——累積起來就是精英的表現。

就這樣嗎？表現平平與表現優異之間的區別，真的只差在（麥吉漢自己也承認的）最低級別的技能嗎？麥吉漢對此看法堅定不移，他以一九九七年雄獅隊擊敗跳羚隊（Springboks）的一個著名時刻為例。

那是經典的一刻，外中鋒傑瑞米．古斯科特（Jeremy Guscott）在國際錦標賽第二場賽事的最後時刻意外射門得分，讓雄獅隊以十八比十五的分數獲勝，並在系列賽中以二勝零敗的戰績大幅領先。然而，麥吉漢強調，沒有任何一位球員做了任何不尋常的事：一名球員贏得了發邊線球的機會，另一名球員直直朝防守陣線衝鋒，遭到擒抱，還有一名球員傳球給古斯科特，古斯科特踢進了致勝的一球。

世界級的表現，再基本不過。

麥吉漢的見解為我們帶來關於改變之旅下一階段的重要一課。到目前為止，我們已在本書探討了如何為自己找出一份新的夢想生活並縱身躍入其中，也談過你會遇到怎樣的挫折，以及如何克服它們。我們已經走了很長一段路。但我們仍然只探討了如何改變短期的生活。這就是第四步要探討的，它要傳授的是：不要只在今天改變，要永遠地改變。

在改變之旅的爬升階段，你需要找到方法鞏固你做的改變。你需要建立系統，讓你能擁有一貫的表現。你需要找到一種方法，幫助你每次都做好每一項基本功，就像一九九七年的雄獅隊那樣。

持久的改變不在於某些瞬間，而在於系統，這樣的系統就是第七課的重點。在接下來篇幅，我們將探討如何創建系統，長期地將改變深植於你的行為中。因為如果你真的學會把行為變成一種可以無限重複的方法，你的改變之旅就會接近完成。李小龍曾經說過：「我不怕練過一萬種踢法的人，但害怕一種踢法練過一萬次的人。」本課將告訴你什麼是真正的有效練習——以及有效的改變。

當下的目標

將一次性的行為轉變為一致性系統的第一個方法，出自艾許．戴克斯（Ash Dykes）的非凡人生。[2]

在北威爾斯長大的戴克斯並不是你常見的那種典型探險家。他既沒有軍旅背景，也沒有富裕家庭來資助他探險。他純粹認為自己是「一個熱愛旅行的人，喜歡看看新的地方，設定越來越艱難的挑戰給自己」。

這種說法也許有些輕描淡寫，沒有充分反映事實。二十五歲以前，這位自學的探險家已締造了兩項世界紀錄，第一項是徒步穿過蒙古，第二項則是橫越馬達加斯加。我們和他會面時，他剛剛沿著亞洲的長江上下游走完全程回來，這項壯舉花了他三百五十二天，跨越了四千英里。

「那裡什麼都有，」他微笑著，像其他人展示度假照片一樣，雲淡風輕地向我們描述他的冒險經歷。「我必須穿越湍急的河水和小支流，也必須穿越高山。那裡有神奇的野生動植物，例如狼，甚至還有亞洲大黃蜂，牠們一旦螫了你，就會釋放出一種費洛蒙，使你成為其他大黃蜂的目標，只要被螫幾下就會要了你的命，每年導致五十多名成年人喪命，」他輕鬆地總結道，「總共算起來，我大約走了八百萬步。」

就算我們在戴克斯提起致命的巨型昆蟲時還不以為意，然而當他以實事求是的態度說起那八百萬步，我們肯定得肅然起敬，正襟危坐。他到底是怎麼做到的？我們很快得知，他的方法雖然簡單，卻富有遠見。他選擇不將焦點放在最終目標——最終目標總是那麼遙不可及——而是放在他的短期里程碑。

在他第一次破紀錄徒步穿越戈壁沙漠和蒙古大草原的過程中，戴克斯決定將整段行程切分成一天天的任務。「父親教我大刀闊斧地切分目標，」他解釋說，「我拿出地圖，查看每一天的行程。預估需要一百天左右的時間，所以我研究了每一天的可能情況。」

這徹底改變了他的心態。「當我這樣分解目標，我意識到每一天都可能完成任務。只要我有合適的食物補給和合適的供水點，就沒有什麼大不了的事情能夠阻止我達成目標。將目標細分有助於管理我的期望，」他說，「如果我沒有這樣做，徒步探險的任務就會顯得無比艱鉅，動搖我的決心。」

這個方法幫助戴克斯度過了探險過程中最艱難也是最危險的部分。有一天，他無意間錯過了途中的一個補水點。「我脫水、中暑，在那樣的環境下，這些病症往往會致命，」他告訴我們，「我沒有遮蔽物，沒有一點點風，眼前一片混亂，頭痛難忍。要活下來，我唯一的選擇就是站起來繼續走。」下一個水源要在沙漠中步行四天才能到達。

所以他做了什麼？我們問。他說，答案是停止「自怨自艾」，轉而專注於將四天的時間切分成微小的、可控制的步伐。「我無法想像四天，但我可以想像一百公尺。我將目標分解成幾個一百公尺。我會先走一百公尺，也許走個兩百公尺，然後在人力拖車下休息，有時甚至休息一小時，」他告訴我們，「雖然過程緩慢而痛苦，但我取得了進展，越來越接近目標。藉由維持自律，我撐著抵達了那個有住處和水的聚落。」

這種對過程的專注，是將一次性的改變轉化為長期習慣，將個別的卓越時刻轉化為世界級基本功的最有效方法。「**不要急於求成，要享受當下**，活在當下，慢慢來，一天一天地放穩步調，你總有一天會到達終點。」戴克斯說。

道理很清楚：戴克斯的方法奏效了。商業分析師泰瑞莎．艾默伯（Teresa Amabile）和史蒂文．克瑞默（Steven Kramer）在他們的著作《進展法則》（*The Progress Principle*，暫譯）中，探討了將焦點專注於這些所謂「小型里程碑」的作法。他們研究了兩百三十八人的一萬兩千篇日記，試圖了解受試者的內在工作狀態。[3] 高度成功人士的共同特質是一心一意地追求「小贏」：這些微小、漸進的勝利單獨看來並不重要，但日積月累就能積沙成塔。

這正是戴克斯在戈壁沙漠所做的。如果我們想要建立長期的行為改變，這也正是我們應該做的，不要將焦點放在最終目標，而是應該放在短期里程碑上，最終目標終將自行實現。

持續的回饋

班・法蘭西斯（Ben Francis）還記得他「自尊心死亡」的確切時刻。

他在青少年時期與同學路易斯・摩根（我們已在第一課見過他）聯手創立 Gymshark，至今已有九年。從朋友教他以網版印刷做出第一件 Gymshark T恤，到現在則是八年。就在不久前，Gymshark 因為快速增長而成為英國為數不多的「獨角獸」之一，也就是市值超過十億美元的私人公司。[4]

所以法蘭西斯合情合理地認為他很擅長自己的工作。二〇一七年，為了學習如何帶領規模、業務範圍和重要性如此龐大的公司，他卸下了執行長的職務，轉而成為行銷長，以及公司實際上的公眾形象代言人。然後在二〇二一年的夏天，他有信心重返執行長的角色。

他的第一步：接受同事的三百六十度全方位回饋。結果並不好看。

法蘭西斯向我們描述這個過程。「你列出周圍與你一起工作或共度許多時間的人，他們會描述你，並加上評語。我邀請八個人參與其中。」但結果比他預期的要惡毒許多。他們說他太招人厭、太直接，而且缺乏同理心。「當我讀到這些評語，我傷透了心。我想，那不是我，」他告訴我們，「那聽起來不像我。其他人都錯了。」

妻子的碰巧介入才讓法蘭西斯認真看待這些評語。他把這份回饋文件帶回家，稀里糊塗地放在廚房餐桌上，結果被他的妻子羅蘋發現了。「我很氣她讀了這份文件，但是她說：『那是我見過對你最準確的描述。』」法蘭西斯說，那一刻，時間停止了。「那是非常、非常重要的一刻。」

從那時起，法蘭西斯發現自己越來越樂於接受批評。雖然他的第一反應是認為這些回饋不符合事實，但他很快放下自尊心，接受了同儕真誠且寶貴的意見。他不再被需要塑造一個無懈可擊的形象所累，可以無所顧忌地向前邁進。

他說，這對企業來說是變革性的，一旦他承擔起所謂的「改頭換面」之責，他提升自我的計畫也就水到渠成。而事情奏效了，在撰寫本書之際，該公司正積極擴展至美國，市值比法蘭西斯重返執行長職位時增長了三分之一。

法蘭西斯的自尊心之死（和部分復原）暗示了將一次性的行為轉變為長期系統的第二種方法。當你處於改變之旅的中段（正如法蘭西斯在二〇二一年那樣），很容易停止接受回饋，會因為自己已經走了很長一段路而變得自滿。你需要找到方法來持續改進。

為此，建立一套回饋系統可能很有幫助——一個不斷提示你改變行為的系統。這類系統涉及接收尖銳、具體、個人化的回饋，讓你知道哪些事情行不通，這樣你就可以每天持續將你尋求的改變深植於行為中。

但有效的回饋系統究竟是什麼樣子的呢？我最喜歡的解釋，來自企業主管教練馬歇．葛史密斯（Marshall Goldsmith）的著作，關於如何建立可靠的系統來改變行為，他的《練習改變》（*Trigger*）一書是必讀之作。[5]

書中舉了一個例子：一名駕駛人在駛向村莊的路上，看見一個寫著「前方限速三十英里」的標誌。數據顯示，在這個時候，大多數人都懶得減速，畢竟那只是一個標誌，而且離村莊還有三十秒的路程。半分鐘後，你進入村莊，路標的內容看起來更不容商榷，上面寫著「限速三十英里」。這時候，大多數駕駛都會稍微減速，但不足以真正降到時速三十英里，這個速限一下子變得彷彿遙不可及。

這有點兒像法蘭西斯執掌 Gymshark 時的情況。他以他一貫的方式做事，用溫和、一般的方式提醒他改變，並不足以讓他真正做出改變。

那麼可以怎麼做？不妨想一想針對超速駕駛人的另一種提示。葛史密斯強調**互動式**車速標誌的非凡力量，也就是寫著「您的車速」繼之以一個數字的數位號誌。令人驚訝的是，當駕駛人看到這些標誌時總會減速下來，屢試不爽，在使用這些標誌的時候，駕駛人的合規率會增加百分之三十到六十。

按照葛史密斯的說法，這些號誌之所以奏效，是因為它們是一種「回饋循環」，如他所說，它們「測量駕駛人的行動（即超速），即時將資訊傳給駕駛人，促使駕駛人做出反應」。行動、資訊、反應，最棒的是，這個過程結束後會再次從頭開始，因為當你看到降低車速導致號誌亮起綠燈，那一點點的多巴胺刺激會促使你再次重複這個行為。結果，儘管人們會忽視任何其他標誌，卻真的會對這些號誌做出反應。

這個由三元素組成的機制，有點像班．法蘭西斯的行為改變經驗。有一個明確、具體的行動：啟動回饋過程。他收到了關於他的行動的資訊，這些資訊很具體，而且能夠與他自己的經驗產生關聯。他做出了反應，這提升了團隊的生產力，並從而展開新的回饋過程。

幸運的是，這種回饋系統可以相對容易地融入我們的生活，訣竅很簡單：主動要求。與你身邊的人談談，問他們一些問題，例如：有哪些事情我可以採取不同作法？我該如何改進？哪些地方做錯了，哪些地方做對了？

更棒的是，試著將這種回饋文化融入每年的例行排程，每隔幾個月安排一次來自同事、朋友甚至家人的回饋。在過去幾個月中，哪些事情進展順利？還可以採取哪些不同作法？不用多久，你就會發現你的行為改善變得能夠自足運作，你不會因為擁有世界級基本功而懈怠或自滿，你會走上持續改變的過程。

六階段回饋

我們每分鐘大約能聽進六百個詞彙，遺憾的是，我們每分鐘大約只能說出一百五十個詞，這表示我們處理回饋的速度比人們表達回饋的速度快得多。因此，在回饋者說完話以前，我們的大腦通常早就跑到二十個不同地方去了，這可能是個問題：我們沒有聽進去正確的資訊，反而得出自己的結論，這個結論通常有一點莫名其妙。

這就是為什麼當我們收到負面回饋時，把體驗切成幾個階段會很有幫助。共有六個階段：**震驚**、**憤怒**、**否認**、**合理化**、**接受**、**行動**。[6]可以分成兩部分。震驚、憤怒和否認都屬於情緒反應，精神科醫師凱里・埃文斯（Ceri Evans）稱之為「紅區」。[7]合理化、接受和行動則是以建設性且深思熟慮的方式來接受回饋，埃文斯稱之為「藍區」。

遺憾的是，在回饋者說完話時，我們往往已深陷於紅區，但是有一些方法可以用更理性的方式通過這些階段。回想你最近收到的回饋，在「經驗」欄中，反思你花了多長時間來消化它。你認為自己處理得好嗎？你是否深陷紅區？如果是，你之前是如何走出來的？

階段	情緒	經驗
紅區	震驚	
	憤怒	
	否認	
藍區	合理化	
	接受	
	行動	

想像成功的畫面

一九六五年，走在時代前沿的社會心理學家霍華・利文撒爾（Howard Leventhal）策畫了一項實驗，研究如何說服一群耶魯大學學生接種破傷風疫苗。[8]

他要求每位學生閱讀一本小冊子，介紹破傷風的影響和接種的好處。但這些看起來類似的小冊子之間卻有所不同。有些人拿到的是「高恐懼」版本，以驚人的細節（以及各種圖片）描述這個疾病。另一些人收到的是「低恐懼」版本，使用籠統的語言，並不特別令人擔憂。利文撒爾假設「高恐懼」版本會比「低恐懼」版本促成更高的接種率，這說得通，畢竟，其中一組學生剛剛看過破傷風病人發病時的可怕照片。他們會更在意，對吧？

錯了。麥爾坎．葛拉威爾（Malcolm Gladwell）在他的重要著作《引爆趨勢》（*The Tipping Point*）中解釋了這項實驗如何以完全不符合設計者預期的方式開展。首先，兩組受試者似乎都沒有對小冊子的資訊做出回應。當然，「高恐懼」版本導致學生們「說」他們會接種疫苗，問題是他們並沒有真的去打針，部落客山姆．湯瑪斯．戴維斯（Sam Thomas Davies）總結道：「實驗結束一個月後，幾乎沒有學生真的前去健康中心，只有區區百分之三的人接種了疫苗。」

這是個有趣的發現。光有恐懼並不足夠，於是利文撒爾改變策略。他決定重新實驗，但做了一個微小卻重要的改變。這一次，對於其中一組，他附上一張地圖，標明可以打針的地點，並給出可以打針的具體時間。結果令人驚訝，這一次，百分之二十八的人真的去接種了疫苗，兩組受試者都是如此。

為什麼恐懼不能成功激發行為，而給了時間和地點的特定提示卻可以呢？答案與我們思考自己行為的方式有關。當我們把一個行動視覺化，更有可能真的去做到，關鍵在於將抽象概念

（「去打破傷風預防針」）轉換成視覺圖像（「九點鐘到校園西側的大學醫院」）。

自利文撒爾的開創性研究以來，已有數十項實驗證明，想像我們想要做出改變的畫面，是鞏固行為改變的關鍵。如果你想長期堅持你的行為，就需要學會在腦海中想像它們，當你這樣做，你會對自己的方向產生更清晰的願景——一個可以真正投入的目標。

這個有用的原則，可能正好解釋了「顯化」（manifesting）概念最近重新流行起來的原因。我們二人對此稍有涉略。我們得承認，當我們第一次接觸《駕馭顯化的力量》（*Manifest*）作者蘿希・納福斯（Roxie Nafousi）的作品時，我們心存一絲懷疑。[9] 整件事聽起來有點玄。

但是當納福斯向我們訴說她的故事，我們才意識到她可能掌握了某種真理。「二十八歲以前，我從來不知道什麼是幸福，」她在這集節目的開頭說，「我的生活完全被享樂主義、派對、情緒低落、沮喪、焦慮和自卑感攪得一片模糊。」

她最糟糕的一刻發生在前往泰國參加為期兩週的瑜伽靜修之後，她原本希望這次靜修能改變她的生活。「回家後的第一個晚上，我被邀請去吃晚飯，吸了一道古柯鹼粉末，然後連續四十八小時沒睡覺。我記得我躺在床上，瞪著牆，試著入睡，心想：我真他媽厭惡自己，」她說，「如果兩百小時的冥想和瑜伽都無法改變我，那人生還有什麼意義？」

她在絕望中打電話給一個朋友，朋友建議她探索「顯化」的概念。這個方法最終將改變她的人生。「我的生活從那時開始出現變化，」她說。「不是一夕之間改變，而是開始踏上使我成為今天的我的這趟旅程。」這是多麼驚人的改變！如今，蘿希．納福斯成了全球知名的顯化專家、podcast 主持人兼暢銷書作家，曾與包括美國社交名媛寇特妮．卡戴珊（Kourtney Kardashian）等名人在內的客戶合作，幫助他們了解顯化的作用。

根據納福斯的說法，「顯化」不過就是「運用意念的力量來改變和創造現實的能力」。訣竅就是清晰地想像你想要的世界——並努力實現它。但並不容易。「很多人以為顯化就是坐著、等待、許願。或者他們以為只要想著非常正面的想法，你想要的東西就會出現在生活中，」納福斯告訴我們，「但顯化不是一個消極的過程。事實恰恰相反，它需要行動，需要你走出舒適區，**冒險、調整你的行為，並按照未來的自己會採取的方式行事**。」

最重要的是，針對你想要的世界勾勒出一幅清晰的畫面。在納福斯的顯化指南中，第一步最簡單：「清楚自身的願景」。如果你願意，也可以畫出草圖，創造「一幅視覺圖像，描繪你希望的一年之後的生活」。但無論如何，請盡量讓它具體生動。「當你制止自己去要求你想要的東西時，要非常警覺，轉而強迫自己懷抱更遠大的夢想。」她說。

無論你是否相信「顯化」，納福斯的方法都暗示了想像改變畫面可以如何幫助我們將改變深植於行為中。正如利文撒爾的研究顯示，將行動視覺化會讓我們更有可能真正去做它；在精神層面上，納福斯的方法等同於告訴學生可以去哪裡注射破傷風疫苗的那張地圖。

我們都可以在日常生活中使用這個方法。當你深入你的改變之旅，你可能覺得很難記住自己曾走過的路，遑論要去的方向。這就是想像畫面最有用的地方。當你覺得自己開始變得自滿，請停下來，描繪另一個世界，並思索你需要做些什麼來實現它。當你想像一個不同的未來，你就在創造它的路上起了很大的作用。

課程總結

你如何將一次性的積極行動，轉變為終身的積極行為？

- 你已進入爬升階段，旅程的終點就在眼前。但你還沒到達終點。你需要找到方法將個別的積極行動轉化為可靠、持續的習慣。你需要建立一個**行為改變系統**。
- 在作法上，這包括三個簡單的步驟。首先，將你想要的**行為分解**成微小的、可管理的步驟。「改變終身行為」的想法很難消化，「改變今天的行為」則容易得多。
- 接下來，看看你是否可以向周遭尋求**持續的回饋**。你是否可以請你的朋友、隊友或甚至家人，針對你的改變成效（以及固執不變的地方）持續提出忠告？
- 最後，嘗試**想像成功畫面**，並盡可能實現這個願景。一旦你開始想像改變自己的生活，並且真正思考過那意味著什麼，要實現它就變得容易得多。

你可以走得比你想像的更遠。

第8課 » 最後衝刺

馬拉松的最後路程也許不是最難的部分，但很可能是最危險的一段。

雖然大多數跑者都知道「撞牆期」——你覺得自己再也跑不動的那一刻，通常發生在跑了二十英里左右的時候——但比較少人知道相關的「X點」（X-spot）。這是全長二十六點二英里（編按：約四十二公里的全馬）比賽中的第二十六點一英里，跑者在這裡轉彎，終點在望。心理學家尚恩．艾科爾（Shawn Achor）將之形容為「大腦釋放大量腦內啡和其他令人感覺良好的化學物質的一刻，幫助選手撐完比賽的最後幾分鐘，欣喜地衝過終點線。」[1]

當然，前提是如果他們夠幸運的話。值得注意的是，有時抵達終點的興奮感真的足以令人喪命，X點是整場馬拉松最容易突發心臟病的地方，這就是那麼多大型馬拉松賽事都在終點線附近設置醫務站的原因。光是二〇一一年的費城馬拉松比賽，就有十人需要在X點進行急救。

不必身為馬拉松選手，也能體驗到旅程最後階段的危險性，終點線是危險的一刻。十六度登頂聖母峰的英國登山家肯頓．庫爾（Kenton Cool）在我們的節目中解釋說，看見峰頂的那一刻，可能是登山者面臨最困難的時刻之一。目標已近在咫尺，你不由得放鬆下來，導致增加了犯錯的機會。田徑選手凱莉．霍姆斯（Kelly Holmes）也說過類似的話，她在二〇〇四年雅典奧運八百公尺賽事中，僅以零點零五秒的優勢贏得金牌。她告訴我們，只有維持專注直到比賽的最後一刻，你才能確保成功。

改變之旅的最後時刻就是第八課的重點所在。最後衝刺階段令人興奮，但也是你最疲憊的時候，你可能會放鬆警惕，或者冒愚蠢的風險。在這些時刻，別忘了你可以走得比你想像的更遠。你只需要一個策略，一個能幫助你保持精力直到最後一刻的策略，一個能讓你頑強地穿過X點並完成最後衝刺階段的策略。

設定最後期限

在AJ．崔西（AJ Tracey）首張同名專輯的封面上，他抱著一隻山羊寶寶，面無表情地凝視著不遠不近的地方。這個形象象徵他自封的GOAT地位：史上最偉大（greatest of all time，譯注：首字母縮寫「GOAT」的另一義為「山羊」）。所以當崔西來到節目暢談他如何一躍成為英國最受矚目的饒舌歌手之一時，我們並不期待他會表現得謙遜。然而事實上，崔西和其他嘉賓一樣健談、一樣輕鬆自在，而且除了談論自己的優點，他也非常樂於分享他的缺點。

「我私底下很懶，」他告訴我們，「如果我不需要使出全力就能完成某件事情，我就會敷衍了事。」從崔西光彩奪目的履歷，你絕對猜不到這一點。他迅速而流暢的饒舌技巧，游刃有餘地在grime、trap和drill三種風格之間切換，這為他帶來了驚人的成功。崔西的第一張專輯（封面有山羊的那張）是二〇一九年獨立歌手銷售量第二高的專輯，他在沒有和大型唱片公司簽約的情況下完成了這一切，「這讓我可以做我想做的任何事情。」他解釋道。

崔西的本名是切．沃頓．格蘭特（Ché Wolton Grant，以阿根廷革命家切．格瓦拉〔Ché Guevara〕的名字為名）。他從十三歲開始上傳音樂到SoundCloud，從此一路登上全球最競爭行業的頂峰，那時候他就已經擁有了驚人的音樂天賦。崔西將他的創造力和饒舌技巧歸功於他十分敬重的母親。

他的母親來自威爾斯，曾在地下電台擔任DJ，他們住在倫敦西部北肯辛頓區的國民住宅，在那裡她介紹崔西認識各式各樣的音樂，從Dancehall到Rap，從Garage到Jungle。與此同時，他的加勒比海千里達裔父親則教他寫歌詞，他父親在一九九〇年代曾是一個英國嘻哈團體的成員。最重要的是，根據崔西在一次報紙訪談中所說，父親教他以饒舌唱出「身為黑人的窘境，這是媽媽教不了我的。」[2]

社會不平等構成崔西早期音樂的焦點。「我非常憤怒：對社會憤怒、對生活憤怒、對所有事情憤怒，」崔西曾說，「那就是我的感覺，所以我的音樂聽起來充滿了攻擊性、暴力、怒氣，所有這些負面的東西。」[3]而他正中紅心：崔西的音樂很快在倫敦各地流傳，聲勢越來越浩大。

只有一個問題。儘管他的知名度與日俱增，崔西對於拋下一切專注於音樂仍會感到緊張，他一直是個用功的學生，當時在倫敦都會大學攻讀犯罪學學位。「我不確定能否吸引人們聽我的饒舌歌曲。」他向我們解釋道。這讓他不確定該走哪條路。

崔西的媽媽就是在此時介入。「她說：『如果你想試試，我給你一年的時間。』」她叫他休學十二個月，並且不要擔心賺錢的問題，專心展開他的音樂事業。「這造成了強大的心理效應，」崔西告訴我們，「這是一種福氣。我想：我媽媽給了我一個千載難逢的機會，我不能在這裡浪費時間。我有一年的時間，所以我必須在一年內辦好它，否則以後就別想了，因為我沒有錢。」崔西將事業生涯的開展歸功於母親為他設下最後期限。這給了他全心投入音樂所需的最後一股勁，也給了我們啟發，說明我們可以如何推著自己越過改變之旅終點線的第一個方法。

最後期限的力量大得離奇，尤其是當你處於艱鉅任務的最後階段。當終點線已近在眼前，不論是發行第一張迷你專輯或是找一份新工作，我們有可能變得自滿。最後期限提供了紀律，讓我們集中精神，並激勵我們在最後衝刺階段繼續加速前進。

這並非只是真偽難辨的經驗談。數十年來，已有數十項心理實驗顯示最後期限可以改變我們的行為。不妨參考以色列特拉維夫大學（University of Tel Aviv）心理學家妮拉・立博曼（Nira Liberman）的研究。在一項實驗中，立博曼要求一群學生執行一個極其枯燥的任務，必須完成兩百四十項需要高度集中注意力的電腦任務，總共費時九十分鐘左右。但是並非每個大學生都得到相同的待遇。有些人不斷被告知他們距離終點線有多近，另一些人則完全沒有得到他們已經完成多少任務的資訊。

立博曼發現，知道自己接近終點，最後成功的學生較多，任務完成後也比較不覺得疲憊。她還發現，這組學生表現出「最後衝刺」的特徵，他們知道自己距離終點有多近，促使他們在最後期限臨近時加快了速度，他們知道最後期限，而這讓他們更加專注。[4]

我們可以在崔西的事業生涯看到這個過程的效果。他告訴我們，當他在那十二個月的考驗期間錄製了一首特別好的歌，他迫不及待地想讓全世界聽到。「我在 SoundCloud 上發布歌曲，這樣很好。」他說。但他知道沒有時間可以浪費，他很快開始上網搜尋他所能找到每一個有能力形成輿論的音樂頻道。「我搜尋主持人的名字，找到他們的電子信箱，用我的歌曲轟炸他們，」他笑著說，「我的口才不錯，所以我很好地推銷了自己。」

他接觸的可不僅僅是幾十個音樂頻道。「我坐下來，蒐集到一百多人的電子郵件地址，都是我從未見過或聽過的人，」他說，「他們不認識我。我只是相信，這些人當中肯定有人可以引領風潮。」他是對的。英國廣播公司 1Xtra 電台的主持人席安・安德森（Sian Anderson）聽到他的歌後，認為崔西具有難得一見的才華。「聽到她說這是一首好歌，我的信心倍增。」崔西說。安德森開始播放他的歌曲，其他電台也立刻跟進。

崔西仍然認為那一刻——以及他母親設下的最後期限——幫助他取得了持久的成功。他說，這顯示即使到了旅程盡頭也要繼續向前看的力量。「我已經證明了，你能夠以你想要的方式做你想做的事，同時仍有成長的空間，」他說，「**永遠不要定格在某一刻**。」

暫停維修站 *PITSTOP*

三種目標

凱莉·霍姆斯深諳加速衝過終點線之道。她在二〇〇四年雅典奧運八百公尺賽事中的表現，是現代田徑史上最具標誌性的成績之一，那是她選手生涯中贏得金牌著名的一天，當時許多人都認為她的黃金年代已經過去。當我們在節目上採訪霍姆斯，我們想知道從訓練過程直到比賽的最後一刻，她如何讓自己始終保持專注。她的答案與三種不同類型的目標有關，每種目標都讓她心靈的不同部分保持專注。

首先是**結果目標**（outcome goals）。二〇〇四年，她追求的結果是在奧運八百公尺決賽奪金。「我一直夢想成為我這一領域中最頂尖的人，」她在那段時間寫道，「有些夢想成真，但我最大的夢想還沒有實現，我真心希望它們能成為現實。」[5] 金牌是一個巨大且野心勃勃的結果目標，讓霍爾姆斯充滿動力。

不過，這個目標雖然非常大膽，卻對霍姆斯的實際行為幫助不大。此時就是**成績目標**（performance goals）發揮作用的時候。霍姆斯和教練一起分析她之前的成績、對手和她自己的實力，結論是一分五十八秒的成績應該足以贏得比賽。

最後，霍姆斯需要找到方法來專注於訓練和跑步。因此，她最終確定了三個**過程目標**（process goals）：保持冷靜、確保自己領先眾人，並且練習衝刺階段的最後加速。

這三種目標為霍姆斯提供了所需的願景、知識和行為，讓她能夠維持表現直到旅程的最後一刻。這是大家都可以使用的方法，找到你的奮鬥方向，然後分成三個更直接的目標：結果目標、成績目標和過程目標。

你要如何運用它們來驅策自己衝過終點線？

我的整體目標：

我的結果目標：

我的成績目標：

我的過程目標：

正向思考

想像一下，當你疲憊不堪地拖著沉重步伐邁向馬拉松比賽的終點，你聽到場邊有人大喊：「嘿，你這個該死的混蛋，我才不幫你加油呢，我看到你在前半段跑得有多慢。當你越過終點線，我會禮貌地為你鼓掌。現在滾吧。」

這是全球最有影響力的勵志作家之一梅爾．羅賓斯（Mel Robbins）在《高效能》節目上所說的令人難忘的話。但她其實並非大聲辱罵她的採訪者（反正我們是這麼認為的），羅賓斯強調，雖然我們永遠不會以這種辱罵性語言對別人說話（但願如此），但我們卻經常以同樣無益的方式責罵自己。這種負面的內心聲音對我們往往弊大於利，尤其是在艱難旅程的最後，當我們感到疲憊和厭煩，更容易淪為它的受害者。[6]

但我們該如何應付這些聲音？我們很幸運，羅賓斯是一位國際暢銷作家，以在作品中提出簡單而極其有效的行動而聞名全球，這些行動能幫助我們充分發揮真正的潛能。尤其是，她的焦點在於**表現出**快樂如何反過來讓我們**感到**快樂。她的主要建議是：以擊掌展開新的一天。對著浴室的鏡子與自己擊掌。

不得不說，這個想法讓我們兩人難以輕信。「我們能坦白承認我們對這個想法有些狐疑嗎？」我們以此做為採訪的開場白。梅爾的回應來得又快又尖刻：「那就別跟自己擊掌，」她反駁道。「抱持懷疑對你有什麼用處？這麼做又會給你造成什麼損失？說真的，如果這真的是奧祕所在呢？老實說，穿著睡褲站在浴室鏡子前舉起手，會有多難？」

效果非常顯著。「我發現自己的幸福感、情緒和精力都因為這個擊掌習慣而發生了深刻的變化——而且不只是我自己，」她在一次採訪中說道，「我在網上發布了一張自己對鏡擊掌的照片，沒有做任何解釋，很快地，成千上萬人寫信給我，分享他們也在和自己擊掌，並且看到自己的態度和信心發生了巨大變化。」[7]

為什麼跟自己擊掌會有這麼好的效果？羅賓斯向我們指出一系列令人驚訝的研究，答案就在其中。例如，加州大學柏克萊分校針對NBA職籃球員所做的一項研究，在賽季開始時，研究人員記錄了球員們彼此擊掌以及以其他方式互相鼓勵（例如碰拳和拍背）的頻率。根據每場比賽中的擊掌次數，他們可以預測哪些球隊會有比較好的表現，哪些球隊比較差。[8]

「最頂尖的NBA球隊，也就是那些打進總決賽的球隊，都是最頻繁擊掌的球隊，從球季開始到結束，始終如一，」她在書中寫道。[9]「歸根結柢在於信任。那些不斷擊掌的隊伍會鼓舞彼此的士氣，」羅賓斯告訴我們，「能幫助你忘掉一時的失誤，提振你的情緒，傳達出信心。

擊掌提醒你，你仍然有機會贏。」

羅賓斯的方法提示了維持幹勁直到比賽結束的第二種方法。你是否曾經發現，在艱鉅任務的尾聲——無論是冗長、棘手的會議，還是即將面臨的可怕考試——你覺得自己完全精疲力竭？

於是你可能開始出現負面想法，我做不到。我太累了，撐不下去了。不如放棄吧。

事後想想，你通常可以發現終點比你想像的更近，所以你需要想辦法振作精神——並且繼續衝過終點線。在這些時刻，想想梅爾．羅賓斯的例子。擁抱積極的態度，以你想要的積極方式行事。對著鏡子跟自己擊個掌，然後繼續前進。

不要陷入掙扎

「我有個同父異母的姊姊，有一次玩大富翁的時候，我把她弄哭了。」約翰娜．康塔（Johanna Konta）描述了她在成為全球頂尖網球選手之前的歲月。她一直非常爭強好勝。「我小時候沒有什麼朋友，」她告訴我們，「我想是因為我很好勝……每件事都是一場競賽。」[10]

這種競爭意識對康塔產生了強大的影響。從她在澳洲雪梨第一次拿起球拍開始，她就對網球一見鍾情。她很快下定決心：她要成為她那一代數一數二的球員。這份雄心壯志帶領她周遊世界，首先是十四歲時前往巴塞隆納的桑切斯卡薩爾網球學院（Sánchez-Casal），然後飛往英國，她的父母在她十八、九歲時搬到英國跟她團聚，最終在二〇一二年歸化為英國公民。

但是，儘管康塔的家人為了支持她的抱負而做出種種犧牲，康塔早期的職業生涯並不那麼引人注目。每個人都可以看出她球技精湛，但她的心態就差強人意了。她最出名的就是面臨壓力時易在場上崩潰，而且在前四年裡，她從未對世界前一百名選手構成威脅。她凡事爭勝的欲望不再幫助她進步，反而成了阻礙。

然而，當我們在二〇二二年與康塔會面，她的名聲已經變了。在過去十年中，她曾在澳洲網球公開賽、法國網球公開賽和溫布頓等大滿貫賽事中打進準決賽，並贏得邁阿密公開賽的冠軍。康塔被公認是她那一世代最頂尖的英國女子網球選手，在二〇一七年達到世界排名第四的頂峰。她是如何扭轉局勢的？她將自己職業生涯這個輝煌的第二幕歸功於心理學家胡安·科托（Juan Coto），她的成績很快出現進步——正如她所說，特別是因為科托幫助她更好地控制了情緒，尤其是他教她放寬對自己的要求。

康塔向我們描述了她是如何沉迷於一連串關於世界應該如何的無意識理想中，我今天應該贏球；我應該做得更好；我不應該犯錯。當世界不盡如理想，她會責罵自己，有時候甚至是在公開場合大罵。她向我們說明，事情沒有按照計畫進行時，迴盪在她的腦海中的那些聲音。「我試圖強迫事情發生，而當事情沒有發生，我很快就會感到沮喪。這不公平！事情不該是這樣的。這為什麼會發生在我身上？」在他們的會談中，這位西班牙心理師幫助康塔認清這種無益的習慣，並開始為她自己的思考方式設定一些基本規則，進而緩解這些要求造成的部分壓力。科托列出一個簡單公式來理解這種思考方式：

掙扎×抗拒＝痛苦

「他解釋，**事情總有出錯的時候，關鍵在於我如何回應**。」她告訴我們，「如果掙扎的程度是十分，而我以失去專注或責怪他人的方式來對抗也是十分，那痛苦就是一百分。但如果我停止抗拒，把這些時刻視為旅程的一部分——換句話說，把它降為零——痛苦就會變成零。」

康塔認為這個想法改變了她打網球的方式。她發現在球具上寫一些小提醒，包括「享受其中」、「抬頭看看」和「微笑」等簡單的肯定，能幫助她不斷將思維帶回當下。她能夠在不舒服的時候停止掙扎，轉而學會擁抱它們，然後繼續進行比賽和她一天的生活。

對我們來說，這揭示了在改變之旅終點維持幹勁的最後一種方法，這些最後時刻不僅最累人，也是我們對自己最苛刻的時刻。你是否曾發現自己沉溺於康塔所指出的想法中？我今天應該要好好表現；我應該做得更好；我不應該犯錯。在這些時刻，停下來、休息一下、放寬對自己的要求，這樣會很有幫助。比賽已經很艱難了，你不需要對自己太苛刻，讓情況變得更糟糕。所以請停止掙扎，試著享受過程吧。

至少，這就是康塔學到的心得。「胡安對我的影響極大，」她在談到二〇一六年去世的恩師時說，「這不僅僅關係到網球，還關係到我的生活和我身而為人的幸福。」她的教練幫助康塔跨過了終點線，邁向新的人生。

課程總結

你如何在最後衝刺階段維持幹勁，衝過終點線？

- 任何旅程最危險的部分就是最後階段，我們會在這時候變得自滿，犯下愚蠢的錯誤——可能危及我們整個轉型過程的錯誤。但情況不必如此危險。
- 我們可以借助**最後期限**的幫助，防止自己在最後衝刺階段放棄奔跑。為你的專案設定一個不容商榷的終點，並堅持遵守期限。
- 我們可以靠一點**正向想法**來維持我們在最後衝刺階段的幹勁。還記得梅爾・羅賓斯跟自己擊掌的例子嗎？你等同於每天起床後對著鏡子與自己擊掌的作法是什麼？
- 我們可以透過**放寬對自己的要求**，消除我們在最後衝刺階段的負面自我對話。你已經走了這麼遠，可能很累了，但最糟糕的事情莫過於說服自己放棄。所以，請放過自己——提醒自己，終點比你想像的更近。

第 5 步

抵達

改變不是名詞，
而是動詞。

抵達不僅僅關乎到達終點，
還關乎未來的所有旅程。

第9課 » 你的下一段征途

班・法蘭西斯從 Gymshark 執行長職位下台時，已經帶領這家新創公司走過一段驚人的成長期，開創運用網路紅人銷售服裝的先河，並且在過程中，將他在父母車庫裡創立的事業變成了價值百萬英鎊的品牌。很多人認為他再也不會率領這家公司，他們想錯了，二〇二一年法蘭西斯重返執行長職位，這一次，他執掌的公司規模大了兩個量級。

當梅拉妮・馬歇爾宣布從泳壇退役時，許多人認為她的黃金年代已經過去。畢竟，她在四年前打破了英國兩百公尺自由式的紀錄，並被評為全球最頂尖的游泳選手，她怎麼可能超越這樣的顛峰？答案出現在她轉而從事教練工作的時候。短短的幾年內，她成了亞當・比提破紀錄成就重要的幕後推手。比提在包括奧運在內的重大賽事上屢屢奪金，這樣令人咋舌的表現，她居功厥偉。

而當艾莉絲·史考特退出職業足壇之際，她的事業生涯已經達到驚人的高度：身為英格蘭女足史上出賽場次第二高的球員，她曾代表國家參加三屆世界盃賽事。有些球員可能希望停格於此，史考特則不然，僅僅幾個月後，她又回到電視螢光幕前，這一次，她成了ＢＢＣ的首席足球主播之一。

本書介紹的許多人物都是變色龍。他們在早期生涯中，各自在體育、商業和藝術領域取得驚人成就，他們竭盡所能，全力以赴，然後暫時離開舞台，接著再脫胎換骨地回來，轉身成為了不起的主播、作家或教練。他們不只變身一次，而是許多次。

這些改變者是我們第五步的靈感來源。走到這一步，你已經取得了重大進展，所以不妨花一點時間祝賀自己，你已經夢想出一份新生活、向未知的世界邁出了第一步、奮力克服了重重障礙、爬上了頂峰（至少，你已經讀了一本關於如何這麼做的書）。現在你抵達目的地了。感覺如何？

但是還沒完。因為抵達不僅僅關乎到達終點，還關乎未來的所有旅程。

如果說我們從訪談中學到了一件事，那就是最傑出的人從來不滿足於只改變一次。就像法蘭西斯、馬歇爾和史考特，他們都經歷了許多次改變。他們知道，不管我們喜不喜歡，改變永遠不會結束。因此，我們有責任按照我們的改變方式不斷改變。

改變不是名詞而是動詞，是一個持續進行的過程，無論你喜歡與否。因此，當你抵達目的地，你可能會問：接下來呢？

這一課就是關於這一點。我們的重點是：如何將改變從一個有起點、中段和終點的一次性旅程，轉變為一個永無止境的進步過程。

擺脫自滿

我們如何確保自己不只一次而是持續地變得更好？最好的答案，來自我們在節目上採訪過最多變化的嘉賓之一：蓋瑞・萊因克爾（Gary Lineker）。

當我們和英國最偉大球員出身的電視主持人面對面坐下時，我們亟欲了解我們可以從他不可思議的事業生涯汲取什麼心得，或者也可以說，他的人生有兩段事業生涯：第一段是他成為英格蘭足球隊戰神隊長的歷程；第二段則是他「從電視裡轉戰到電視上」，成為《今日賽事》（*Match of the Day*）節目的主持人，最終成為全國最受歡迎體育節目主播之一的歷程。這是一個不斷蛻變的過程。

「我非常幸運。」他反覆這樣告訴我們。但正如我們猜測的，他的成功不僅出自運氣，還得歸功於他在自我提升過程中採取的獨特方法，尤其是他讓自己不斷接受挑戰、永遠不驕矜自滿的本事。

在萊因克爾的訪談中，這個想法一次又一次地出現。他告訴我們，在他的整個事業生涯中，他很幸運身邊有一群不允許他停止進步的人，不論是他的父母、教練或隊友皆然。

在萊因克爾的職業生涯之初，這樣的鼓勵以一種相當離經叛道的形式出現。萊因克爾出生在萊斯特（Leicester），與生俱來的射門天賦讓他有機會離開學校，加入家鄉的萊斯特城足球俱樂部，他在一九七六年首次入選青年隊。

他的第一任總教練喬克．華勒斯（Jock Wallace）以一種老派作風來防止他自滿的心態，「我開始出現一點進步，我們打了一場預備賽，」萊因克爾告訴我們，「華勒斯在中場休息時走進來，對著我們破口大罵。他說：『你這個沒用的小王八蛋……』這時我發現他在看我，我才意識到他罵的是我！他拎起我的頸背，把我扔到更衣室的牆上，然後說：『明天早上九點來辦公室見我。』」

經過輾轉難眠的一夜，萊因克爾在規定時間前來教練辦公室報到。「我嚇得語無倫次，」萊因克爾說，「我坐在辦公室外，就像一個等著晉見校長的淘氣男孩。我渾身發抖，以為自己會被掃地出門。」但是當他被叫進辦公室，華勒斯為這位年輕前鋒準備了一個驚喜。「『你昨晚太棒了，』華勒斯說，『我只想稍微強調一下，你永遠需要再多努力一點。就讓這成為人生的一課吧。』」

我們問，這樣的指點產生了什麼效果？「我心想，天哪，哇，」萊因克爾說，「我還想著：

你大可以在昨天晚上就告訴我。」

嘿，讓我們澄清一點：本書並不贊同把青少年扔到牆上（如果他們是蓋瑞・萊因克爾，你更不能這麼做）。但萊因克爾確實強調，這一課讓他銘記在心。你絕不能自滿——而且**就算成績斐然，你也必須不斷尋找下一個挑戰**。

幸好，萊因克爾後來遇到能夠以更成熟方式來克服自滿心態的一位教練，他是巴塞隆納足球俱樂部的泰瑞・維納布爾斯（Terry Venables）。在生涯早期的大部分時間裡，萊因克爾一直過得很平順，他成了眾所周知的優秀但不出眾的球員，實際表現配不上他的潛力，他也因為不願意投入時間練球而聲名狼藉。

「他是個很糟糕的練習生，」名教頭哈里・雷德克納普（Harry Redknapp）曾說，「他只喜歡星期六來打球。」[1]萊因克爾在節目中也承認這一點。「我想，我不是訓練室裡最認真的人，」他說，「我會去做，但我不怎麼喜歡基本訓練，因為我不認為會有幫助。我想練習我在球場上做的事情就好。」

然而，歷經了懶散的生涯開端之後，萊因克爾在二十多歲時出現了驚人的甦醒。他二十四歲時第一次在國際比賽中進球，自此不再回首過去。在萊斯特城踢了三年乙級聯賽後，他簽約進了巴塞隆納隊。

一九八六年，他在世界盃賽事上為英格蘭隊踢進六球，贏得該屆世界盃最佳射手金靴獎。

職業生涯結束時，他總共為國家隊攻入了四十八球。

萊因克爾如何解釋自己命運的轉變？他歸因於巴塞隆納的教練風格，那風格消除了他可能存在的任何自滿。「我以前真的對訓練方式感到氣餒，」萊因克爾告訴我們，「我想做的是練習我的球技，也就是跑位、射門和進入危險區。但大多數的訓練總是令人失望，我感到無聊，提不起勁。」

當他來到一支知道如何真正挑戰他的球隊，對訓練的厭倦開始出現改變。總教練泰瑞·維納布爾斯比萊因克爾早兩年來到巴塞隆納，帶領這位於加泰隆尼亞的足球俱樂部贏得十一年來的第一座冠軍。

維納布爾斯在成為一名令人振奮、富有創新精神的教練之前，曾享有輝煌的球員生涯，他明白幫助萊因克爾成功的關鍵，是讓他擺脫老套的例行訓練，比如種種操練和單調的練習，並且強迫他轉變思維。

為此，他想出了一個奇特的策略：邀請萊因克爾共進午餐。「我以前經常思考戰術，在泰瑞的帶領下，我最好的訓練大多發生在訓練場外，」萊因克爾告訴我們，「我們每星期共進二到三次午餐，討論足球和動作。我曾在許多非常優秀的教練指導下踢球，但他的執教方式非常不同。」

於是，萊因克爾發現自己在職業生涯中第一次受到了挑戰——真正的挑戰。這涉及深入思考什麼可能有效，然後回到球場上進行實驗。「泰瑞會帶著想法來找我，我們會一起討論，然後加以嘗試，」萊因克爾回憶道，「我喜歡這樣。思索戰術讓我變得更好，**我喜歡思考如何變得更好**。」

為什麼維納布爾斯的策略能幫助萊因克爾發揮出最佳表現，而他之前的教練卻做不到呢？答案藏在一則十九世紀童話故事中。大多數人都知道金髮女孩（Goldilocks）和三隻熊的故事，金髮女孩闖入三隻熊的家，偷吃擺在桌上的三碗粥，你一定還記得金髮女孩多麼喜歡那碗既不太燙也不太冷、溫度「剛剛好」的燕麥粥。

事實證明，這是激發持續改進的有效方法。在著名的金髮女孩故事首次發表的一個世紀後，心理學家列夫・維谷斯基（Lev Vygotsky）對這種效應進行了更學術性的探索。[2] 維谷斯基的觀點是，把一個不會游泳的人扔進游泳池的深水區是沒有用的，正如叫奧運游泳選手到嬰兒游泳池划水並認真期望他們有所進步一樣。**理想的練習區域是任務具有適當挑戰性的區域：他稱之為「近側發展區」**（zone of proximal development）。

恰好合適的區域（Goldilocks zone）——近側發展區，是我們最不自滿、最能持續學習的地方，正如加州大學洛杉磯分校心理系系主任羅伯特・比約克（Robert Bjork）在接受作家丹尼爾・科伊爾（Daniel Coyle）採訪時所解釋的，「在你知道的和你想要做的之間存在著一個最佳差距，當你找到這個最適點，學習就會開始起飛。」[3]

這就是萊因克爾在巴塞隆納得到的收穫：恰到好處的挑戰讓他持續進步，變得越來越好。「我不是最厲害的足球員，但有兩、三年的時間，我是最厲害的射手。」萊因克爾以他特有的謙遜說道。

對於想持續進步的人來說，這裡有個很強大的洞見。無論我們透過本書帶領你做出什麼改變，事情都可能在某個時刻開始變得簡單，無論是一個星期、一個月還是一年。最終，你會對新生活應付自如，然後也許會開始放慢腳步。要知道，這是一個危險的時刻，是你最容易自滿的時候。

解決方法是什麼？問問你的「恰好合適區域」是什麼。尋找下一個挑戰意味著什麼？是爭取下一次升職、學一門新手藝、或尋找新朋友？

改變是永無止境的。當你抵達每一個目的地，你會發現前方又出現了一個新的目標，去尋找那些會鼓勵你朝目標勇往直前的人和地方。

暫停維修站 *PITSTOP*

鍵盤上的 QWERTY 思維

你是否曾納悶，電腦鍵盤的左上角為什麼以英文字母 QWERTY 開始排列？

畢竟，它們不是最好記的字母，也不是最常用的，更不是字母表的開頭。事實上，QWERTY可能是你所能找到最沒效率的一組字母。那正是重點所在。在打字機的設計之初，打字太快會造成按鍵沾黏，於是工程師需要找到方法來減緩人們的打字速度，而他們恰如其分地提出了最令人困惑的設計。（這也是為了幫助推銷打字機：拼寫「打字機」（TYPEWRITER）一詞的字母都在最上面一行，這對打字機推銷員有幫助，但對我們其他人就不盡如此了。）

時間快轉一百年，已經沒有卡鍵的問題了（而且大多數打字機推銷員也都失業了），但是我們仍堅持使用QWERTY的排列格式，起點決定了我們的終點。這和人們停止改變的過程有異曲同工之妙，他們踏上一條特定的路線，然後困在上面。如果你想要克服自滿，並在人生中持續改變自己，你需要擺脫QWERTY思維。

以下工具旨在幫助你打破過往對你的限制，從而產生接下來該往哪個方向前進的新想法。當你天馬行空地尋找下一個挑戰的靈感，不妨想想下面這些內容，擺脫QWERTY思維會帶來什麼新想法？

一、**暫緩評判**。我們思索新點子時，很容易在任何不成熟的建議提出來的那一刻就予以否決。請抗拒這種衝動，當你想要擺脫QWERTY思維，開放、不受約束的創意正是你需要的，沒有什麼點子是壞點子。

二、深入了解。當你偶然發現一個感覺不錯的想法，嘗試從許多角度去看它，只要問問自己「為什麼」和「怎麼做」之類的問題，就能幫助你產生通盤的了解。只有當你認為自己已經深入了解這個想法的優缺點，才停止詢問這些問題。

三、建構細節。初步構想通過前兩階段後，試著把它建構成更具體的東西。為眼前的構想添加其他元素意味著什麼？對於這個點子，你能想到最廣泛的應用是什麼？

躍過不同的河道

當我們站在索爾福德（Salford）洛利劇院（Lowry theatre）的後台，看見我們的嘉賓正以無法壓抑的旺盛精力暖身，我們已經可以斷定，這將是一次有趣的訪談。

羅素．凱恩（Russell Kane）是英國最頂尖的脫口秀演員和電視主持人，他在舞台上亢奮地轉來轉去，辛辣的幽默逗得我們這些現場觀眾忍不住笑得前仰後合。一位報紙評論家形容他是「喜劇界的大衛．艾登堡（David Attenborough，譯注：英國國寶級自然科學主持人），只不過他關注的不是動物王國，而是東南部人的行為模式。」[4]

凱恩成長於埃塞克斯（Essex），是生活在男性世界裡一朵愛讀書的壁花。凱恩告訴一位採訪者，「我在學生時代是個瘦弱的男孩，而我的父親則超級陽剛，是個使用類固醇、舉重、吃肉、重達十六英石（譯注：約一〇一．六公斤）的瘋子。」[5]他的閱讀興趣引來的不是鼓勵，而是敵意和懷疑，尤其來自與他全然相反的父親。但讀書確實幫助他贏得了一級榮譽學位，以及隨後的廣告業工作。[6]

在他二十歲出頭時，兩個改變人生的時刻在一個月內接連到來，他的父親去世了，而他則首次表演了單人脫口秀。

「我星期天回家吃午餐時說：『我幹了件瘋狂的事。我要去業餘喜劇之夜表演，時間排在九月底。』我爸頭也不抬地說：『我試過一次，他媽的浪費時間。』」沒有得到任何祝福，凱恩洩氣地離開了。不幸的是，他的父親不久之後在度假時意外過世。這是父親對凱恩脫口秀表演的唯一評論。

這件事引發凱恩對他與父親的關係進行深刻的反思。凱恩告訴我們，他的父親從來無法開口告訴兒子，他為兒子的成就感到多麼自豪。他唯一一次看到父親流露任何情緒，是在他最喜歡的印度餐廳關門停業時。

「他死後，我找到他的日記，」凱恩說，「真的很悲哀，那是我讀過最索然無味的東西，每天只有寥寥幾個字。下雨了。工作爛透了。交通很糟糕。哇。那彷彿一個埃塞克斯人服了鎮定劑之後寫下的俳句。」

凱恩在那一刻下定決心，他的人生絕對不重蹈父親的覆轍。「我花了很多時間嘗試認識我自己，」他說，「我跟我的家人或街坊鄰里的人都格格不入。」可以肯定的是，他的人生確實和他父親的不同。

凱恩強烈的敬業態度和創新的喜劇風格，讓他踏上了通往顛峰的道路，二〇一〇年，他贏得了愛丁堡喜劇獎的最佳喜劇表演獎，自此，他的事業生涯就像旋風一樣不斷變化，從主持BBC節目到寫小說，再到一直進行新的巡迴表演。

我們對凱恩在事業生涯中不斷轉型的過程很感興趣。在他的答覆中，他首先向我們描述他入行迄今的生涯。凱恩說，喜劇生涯可以以兩種方式開展，第一種，你開始走紅，從未真正下滑。他說：「這是你想要的方式。」另一種則比較棘手。「我得到的是第二種——一飛沖天，」他指著天花板說，「大概能紅個五年，然後需要下一次跳躍，進入一個更長期、可持續的事業生涯。」

那麼，凱恩是如何從第一個改變跳到第二個呢？凱恩的答案與自我覺察有關。「我巡迴演出和邀約的數量從未下降，但開始趨於平緩，」他解釋道，「我知道這有問題，因為我手上有我入行以來最多檔的電視和廣播節目。」

凱恩很快發現了自己的錯誤，即使這讓他自尊心受挫。他說，聚光燈使他失去了真實性。「曝光度會沖昏你的腦袋。我的表演內容變了，我開始在我的脫口秀表演中談論身為一個脫口秀演員的經驗。這跟觀眾多麼脫節？我剪了個帶條紋的奇怪髮型。」簡單地說，他失去了讓人感同身受的能力。「當你從事我這一行，你必須保持真實。」

今天的凱恩對十年前的凱恩冷嘲熱諷。他說，「當我穿著豹紋褲、畫著眼線談論我的老爸、老媽、祖母，並拿家人開玩笑，這樣的表演和形象會產生疏離感。人們無法把我當成勞動階級，產生認同。」

那麼凱恩做了什麼？他做了一些重大改變。「我換了管理團隊。我也隨著我的外觀長大，不再做不成熟的事，例如謊報年齡。」他也改變了髮型。他說，「我非常嚴格地確保我的頭髮梳理整齊。」[7]

凱恩將人生從一個階段跳躍到下一個的過程形容為「躍河」（river jumping）。「這是我在廣告業工作時無意中發現的道理。」他說。根據《如果這樣又會怎樣？》（*What If?*，暫譯）一書的作者之一、廣告業高階主管戴夫・艾倫（Dave Allan）的說法，「躍河」是一個以全新角度審視現狀的過程，方法是從你所在的溪流（無論是你的工作、人際關係或嗜好）跳到另一條完全不同的溪流。正如他們所說，你需要「完全跳出原來的河流，然後從一個全新的不同角度來審視它」。[8]

至於如何做到這一點，凱恩為我們提供了一些建議。「與其為你的這門技藝尋找解決方案，不如**看看一個完全不相關的行業，然後問，他們會怎麼做？**好比說，如果你是攀岩者，問問拳擊手會怎麼做？這說不定會激發一些靈感。」這種方法有釋放創造力的功效（達米安最喜歡的一個冷知識：滾珠式體香劑的發明，是透過觀察原子筆以及墨水必須均勻塗在表面上的相似性而創造出來的），它讓你對工作和生活有了完全不同的看法。

躍河者的作法改變了凱恩對待自身職涯的態度，他強迫自己從陌生人的角度來審視自己的俏皮髮型，以及脫口秀導向的脫口秀表演。結論是，他看起來像「一根自命不凡、想博取關注的小雞雞」（這是他說的，不是我們說的）。

但你不需要成為一根陽具來使用這種方法，你需要的，就是重新審視你的現狀。抵達目的地時，問自己：如果我是另一個完全不同的人——在街上遇到的陌生人、我的三歲孩子、一個偏遠的亞馬遜部落一員——我的生活看起來會是什麼樣子？

從一個全然不同的角度來思考你的生活，放下對這個問題的所有成見、過去經歷和先驗知識，看看你會發現什麼。

在這一刻，你開始從一個全新角度來看待你的改變之旅。你不是終於在漫長艱辛的旅程抵達終點，打算躺下來小憩一會兒的人，你準備展開下一個轉變，成為一個永遠剛剛踏上改變征途的旅人。

課程總結

你抵達目的地了，接下來呢？

- 高效能人士從不滿足於只改變一次，改變是永無止境的。那麼，我們該如何確保自己不斷轉變——不僅止於現在，而是**持續改變**？
- 持續改變的第一步很簡單：**擺脫自滿**。尋找不斷給予你挑戰的環境，並且被不斷強迫你變得更好的人包圍。
- 第二步就更簡單了：「**躍過河道**」。再來一次改變人生的躍進，跳進更好的事業生涯、更好的世界觀、更好的人生，會是什麼樣子呢？

領導力不是一個頭銜，
而是一種心態。

第10課 》傳遞出去

約翰·麥卡沃伊（John McAvoy）的人生切割成兩半。前半生的最大特色：罪惡。他從很小就開始接觸倫敦黑社會。他在倫敦南部長大，八歲時，他的繼父比利·托賓開始讓他「見習」犯罪。托賓自己的人生充滿了創傷，包括被迫目睹父親死於刀口之下，這點燃了他的決心，要永遠掌握控制權，絕不成為受害者。當他出現在這個小男孩的生命中時，已因持械搶劫被判十六年徒刑，剛剛服滿過半的刑期。

「看看這些人，」托賓曾經愜意地坐在他最新買的車子裡（一輛全新的保時捷），指著辛辛苦苦通勤的倫敦上班族對麥卡沃伊說，「外頭這些人都是羊。」[1] 托賓展開了對麥卡沃伊的教育過程，告訴他工作和納稅永遠不會帶領他邁向成功，他必須走另一條路。

一九九三年聖誕節前夕，托賓帶著他的徒弟前往一家義大利餐廳，去跟他認識的幾個罪犯會面，他們熱情而慷慨地接待這個小伙子。麥卡沃伊在他引人入勝的自傳中回憶道，「我拿了將近一千英鎊的現金回家，對十歲的孩子來說，這不是個小數目。」他自此一去不回頭，年僅十八歲時第一次鋃鐺入獄，但這幾乎沒有對他產生任何影響——真要說的話，甚至讓他更堅信自己選擇的生活。「我身邊很多人都坐過牢，」他在一次訪談中說，「我了解到，重點在於不示弱和拚戰到底，所以我就是這麼做的。」[2]

然而，我們見到麥卡沃伊時，他已經改頭換面。身為Nike贊助的運動員，他是英國最頂尖的鐵人三項冠軍選手之一，也是賽艇運動多項紀錄保持人。他把全部時間都用來宣揚運動改變生活的力量，而他從未失去一絲一毫的激情。

「我曾經做一項計畫，打算買下這個地方，」當我們在英國電信塔（BT Tower）的頂樓採訪他時，他向我們宣布，「老實說，我本來要入手了。」

發生了什麼變化？一個窮途末路的罪犯如何轉身成為英國最受尊敬的運動員之一？答案點出了本書的最後一課——**改變始終是一種集體努力**。

瞧，我們用本書的前九課來探討如何改變你個人的人生，如何夢想一個不同的世界並躍入其中，如何克服障礙、爬上頂峰，我們向你說明了如何改變**自己**。但正如我們即將看到的，麥卡沃伊的故事展示了改變的另一面：我們每個人都可以改變**他人**。在我們看來，這是學會改變的最後一個要素。從改變自己，到學習如何將改變傳遞出去。

這無疑比學會改變自己更加重要。你不是獨自生活在這個世界上。如果你想建立一個人人都能發揮所長、出類拔萃的社群，無論是在你的體育團隊、工作場所或甚至是你的家庭，你需要學著去影響他人，你需要成為領導者。

我們知道，我們知道「領導者」是一個嚇人的字眼。但事實上，領導力是我們每個人都能取得的一種才能，而且我們往往比自己以為的更有力量。正如已故企業家安妮塔・羅迪克女爵（Dame Anita Roddick）曾經說過的：「如果你認為自己太渺小，無法有所作為，那就試試在房間裡有一隻蚊子飛來飛去的情況下上床睡覺吧。」她要說的是，領導力不是一個頭銜，而是一種心態。從今天開始，我們每個人都可以讓我們的社群發生改變。

怎麼做？那就是本課要回答的問題，我們將看見約翰・麥卡沃伊的人生範例如何為我們提供簡單的三步驟架構來改變周遭人士的生活。高口碑作家艾倫・多伊奇曼（Alan Deutschman，本書的重要靈感來源）在他的開創性作品《應變求生》（*Change or Die*）中，首次提出了改變其他人的人生的架構。[3]

多伊奇曼寫道，這三個步驟全都取決於正向關係的力量，令人印象深刻的是，這三個詞都以字母「R」開頭。這三個步驟提供了一個方法，讓你從改變自己的生活進而改變同儕的生活；從單純的改變，到成為改變的創造者。

認同（Relate）

麥卡沃伊的改變之旅始於二〇〇五年九月。二十二歲的麥卡沃伊答應夥同他的老搭檔凱文．布朗一起到倫敦東南部洗劫一輛運鈔車，麥卡沃伊不知道的是，警方已布下嚴密的監視行動，正等著布朗自投羅網，麥卡沃伊的涉案被視為額外的紅利。

這對搶匪一動手劫持運鈔車，警方立刻一擁而上，追捕他們兩人。麥卡沃伊被追進一個住宅區，最後趴在地上束手就擒。「當我跑進一個死巷子裡、躺在地上，大約有十五把槍指著我，」他曾說，「我萬念俱灰。」[4]

他們的心情和警方追緝人員的歡欣鼓舞形成了強烈對比。「他們把我放進一輛便衣警車的後座，我第一次被逮時，抓捕我的那位警官輕聲叫著我的名字，」麥卡沃伊曾告訴一位採訪者，「他對我說：『約翰，看看窗外。』大街上人來人往，手上提著購物袋。『你很長一段時間都不會看到這樣的景象了。』他說。」[5]

這一次，麥卡沃伊聲名遠播。「政府當局認為我的越獄風險很高，認定我對國家安全構成威脅。」他笑著說。他被關進英國最高警戒的監獄之一，當局亟欲將這裡打造得密不透風，甚至曾委派英國特種部隊嘗試越獄（他們沒有成功）。麥卡沃伊發現身邊都是黑社會的大角色。「我從報上認得這些臭名昭彰的面孔，」麥卡沃伊說，「（被定罪的恐怖分子）阿布．哈姆札走上前來，彬彬有禮地對我說：『你剛剛被捕，對吧？你需要什麼嗎？』我說不用了，我很好，謝謝。」[6]

經過曠日持久的審判過程，麥卡沃伊承認了自己的罪行，最終被判處十五年徒刑。他形容這個決定「就像看著自己的人生被火車輾過一樣」。在那一刻，麥卡沃伊絕不知道這次入獄會有所不同——這一次，他會脫胎換骨地離開。

服刑的頭幾年還是老樣子。麥卡沃伊成天坐在牢房裡，無所事事。但是到了第三年，他做出了改變，開始上監獄的健身房。有一次，他在那裡偶然結交了一個朋友，這段友誼將永遠改變他。

達倫．戴維斯是一名獄警，也是個熱忱的業餘運動員，他在健身比賽中發現了麥卡沃伊的運動潛力，他們成了意想不到的搭檔。「我對達倫這種人毫無敬意，」麥卡沃伊告訴我們，「他是看管我的人，我討厭他。」但戴維斯沒有被麥卡沃伊的抗拒嚇倒，他決心繼續默默鼓勵麥卡沃伊。

不久後，麥卡沃伊開始注意到產生了潛移默化的效果，「有生以來第一次，我感受到我的生活中有個男性真正關心我，一心希望我成功，純粹為我著想，」麥卡沃伊告訴我們，「他沒有既得利益，沒有合約，也不是為了錢，什麼都不圖。」經年累月之後，他們之間的感情日益深厚。「我之前從來不信任任何當權者，」他說，「但達倫是那個位置上，第一個真正相信我並且鼓勵我的人。」

這段迅速發展的關係提示了我們的第一個「R」：「**認同**」（**Relate**）。根據艾倫・多伊奇曼的說法，這是你「**與一個人或社群形成一種新的情感關係，因此激發並維持希望**」的一刻。你與某人產生連結，這給了你改變想法的最佳基礎。[7] 為什麼？因為透過與人建立關係，你可以開始改變他們的自我認知，你在他們的腦海中植入了他們可以做得更好的想法。

事實上，科學日益證明，強大的關係連結不僅是改變他人的最佳方法，更是唯一的法門。長久以來，行為科學家認為人類行為的主要動機是懲罰和獎勵，這是被稱為「行為主義」（behaviourism）的世界觀。然而，最新研究得出的結論是，行為的改變其實根植於牢固的人際關係。

「依附理論」的先驅約翰・鮑比（John Bowlby）指出，我們建立人際關係的方式，最明顯的是我們從出生到三歲和終身對父母的依戀，是影響我們如何學習、改變和成長的決定因素，[8] 我們的人際關係造就了我們。

只要仔細想想，大多數人都會意識到，我們都曾親身體驗人際關係用以改變我們行為的力量。是否曾有一位老師讓你覺得他真的對你有信心？或是一個似乎希望你做到最好的上司？又或者是在學校裡有一位比你年長幾歲的導師，似乎真心為你的成功付出了一番心血？如果是的話，你就體驗到第一個「R」的力量。這些人不僅幫助你**相信**自己可以改變，還強調他們**期望**

你這麼做，所以你改變了。

這正是達倫·戴維斯給予麥卡沃伊的。他與麥卡沃伊建立了真實、充滿愛的個人連結，並以此激勵他。「『兄弟，如果你不改變，這將是我見過對潛力的最大糟蹋，』」麥卡沃伊追述他的話。[9]「這些話產生了巨大影響。」麥卡沃伊告訴我們。那是他以前從不給他尊敬的人有機會說出的話。

暫停維修站 ***PITSTOP***

練習正向出牌

心理學家約翰·高特曼（John Gottman）將對話視為一連串的「出牌」。這種出牌並不像拍賣會上的喊價或撲克牌桌上的叫牌，而是想要引發回應的任何表達，我們通常甚至不會注意到自己在這麼做。

當你嘗試與某人建立關係，正向「出牌」是你的彈藥庫中最有力的工具之一。高特曼根據他在一九八〇年代所做的婚姻研究中得出結論，人們出牌的方式可以決定一段關係的成敗——即使乍看之下，每段關係之間的差異似乎微乎其微。[10]

那麼，最常見的出牌方式有哪些類型呢？在《心智健身房》（*Mind Gym*）一書中，作者賽巴斯欽・貝利（Sebastian Bailey）和奧克塔維斯・布萊克（Octavius Black）邀請我們想像以下的情境。[11]

你的伴侶正坐在電視機前，看著他最喜愛的節目，你走進房間問他想不想喝杯茶，你的伴侶現在有機會透過以下三種方式之一做出回應：

一、面向式出牌（toward bid）：以正面方式回應。「好的，麻煩你了，請給我來杯濃茶，加很多糖。」

二、反對式出牌（against bid）：以負面方式回應。「呃，不要，你的茶太噁心了。」

三、迴避式出牌（away bid）：只是保持沉默或轉移話題。「我們這個週末要做什麼？」

研究顯示，大量使用「面向式」出牌，對人際關係有著巨大的正面影響。事實上，要建立一段健康持久的關係，正面（「面向式」）與負面（「反對式」）的神奇比例似乎是五比一。

這對於友誼和職場上的人際關係也很有幫助。當你嘗試與你想要影響的人產生共鳴，想想你使用的出牌方式，你最常採取哪種出牌方式？你的面向式和反對式的比例是多少？採用更正向的風格會如何加強你正努力打造的關係？

轉念（Reframe）

在獄中，麥卡沃伊的姓氏為他帶來了許多尊重。因此，他享受著其他罪犯夢寐以求的待遇，包括取得違禁品，其中最重要的是一支手機。二〇〇九年十一月十四日晚上，他躺在監獄床鋪上無所事事地看著電視上的足球賽，這時，他接到表弟比爾的電話，比爾即將說出幾個字，徹底改變了麥卡沃伊的人生觀。

「老哥，」他輕聲地說。「我有件事要告訴你，亞倫走了。」亞倫・克勞德曾是麥卡沃伊最好的朋友和犯罪搭檔，麥卡沃伊和他一起長大，一起生活，密不可分。克勞德曾答應麥卡沃伊想辦法幫助他逃出監獄，但事與願違，他在荷蘭犯下一樁搶劫案，在逃亡途中被拋出車外，摔斷脖子身亡。

這個消息讓麥卡沃伊哀痛萬分。「我徹底崩潰，」他回憶道，「我從來沒有失去過我所愛的人，然後突然之間，我最好的朋友死了。」[12] 麥卡沃伊有好幾天時間「在憤怒和悲傷之間擺盪」。但當他開始從震撼中恢復過來，他得到一種工具，給了他一個截然不同的視角。

「監獄牧師來看我，」麥卡沃伊說，「從前在獄中，我對他嗤之以鼻，從未真正投入其中。但他來到我的牢房，坐在床上。我告訴他生活有多麼不公平。『我的朋友做了一件壞事，但他是個好人，現在他才二十六歲就失去了生命。』」牧師聽了之後，提出了一個撫慰人心而且很療癒的想法。你很幸運，因為你的生命中有他，而且在他還活著的時候有過這樣的互動。[13]

心態上的微妙轉變，為麥卡沃伊提供了改變人生所需的下一項工具。監獄牧師的話為麥卡沃伊傳授了我們的第二個「R」：**「轉念」（Reframe）**。這是「**新的關係幫助你學會以新的方式思考你的處境和人生**」的時刻。[14] 在此，監獄牧師重新理解麥卡沃伊面臨的問題，並證明有一種不那麼嚴酷和痛苦的方法來思考它。

我們已經在本書體驗過轉念的力量，那是我們在第一課就用來看清自身問題的關鍵工具。但是，當我們教別人重新定義他們的問題，它提供給對方的幫助，甚至超過我們自己這麼做時所能得到的幫助，因為我們不僅幫助他們看清自己的問題——同時也向他們保證我們關心他們，給了他們撫慰。

這是一種鼓舞人心的方法。久而久之，即使沒有牧師的幫助，麥卡沃伊也開始尋找方法來重新詮釋自身的處境。受到朋友去世的影響，再加上牧師的啟發，他開始以不同的眼光看待萬事萬物，他發現自己意識到，「我從小到大崇拜和敬仰的那些人，不過是些在牢裡腐爛的老頭，終其一生一事無成。」[15]

這就是幫助人們在自身處境中轉念所能達到的效果。藉由勸他不要專注於朋友的死亡，而是專注於自己的人生，牧師喚醒了他心態上的深刻轉變。「直到那時，我才意識到生命的可貴，」麥卡沃伊說道，「隔天早上起床時，我完全迷失了。我的名聲、我的名字，全都毫無意義。我看著牢房裡的自己，知道我浪費了此前的人生，讓它白白流失。」[16]

當他接受了這種看待世界的新方式，他下定決心開始改變。他做了一個重大決定：「我不再過這種生活了。」牧師啟發他為自己的處境轉念，豁然開啟了一條通往另一個約翰．麥卡沃伊的人生道路。

重複（Repeat）

從那一刻起，麥卡沃伊全心投入了體育活動。幸運的是，他並不是從零開始，至少不全然如此。他在黑社會取得優勢的特質——機智、果決和專注——也同樣適用於體能訓練。更重要的是，達倫．戴維斯的友誼和微妙的指導介入，以及牧師對他的處境給予的深刻見解，幫助他認清了自己的優點，並重新立志出人頭地。起初他的目標只是在監獄健身房的各項體能挑戰排行榜上名列前茅，他聽取戴維斯的建議，發現自己的運動天分在室內划船機上發揮得特別好，戴維斯鼓勵他堅持下去，甚至打破規則，讓他擁有比其他人更長的健身時間。

然後他加大了力度。戴維斯去見典獄長，作證表示麥卡沃伊已改過自新，這讓他可以為二十四小時室內划船挑戰賽進行訓練。就這樣，他開始了訓練，結果超出所有人最大膽的想像。挑戰來臨時，他打破兩項世界紀錄，一項是十萬公尺的紀錄，第二項則是二十四小時內划船最遠距離的紀錄。

取得這項成就之後，麥卡沃伊坐在牢房裡，感受著比他記憶中任何時候都更好的感覺：「比我以前幹一票之後拿到兩萬英鎊的感覺還要更好，」在戴維斯溫柔、持續的鼓勵下，他第一次不得不向自己承認一個私密的事實：「我非常、非常擅長做某件事。」

戴維斯同意這一點。他不斷向麥卡沃伊強調他很有天分，這種肯定點燃了麥卡沃伊內心的火花，他對知識的渴求變得難以饜足。「突然之間，我有了積極的目標，也明白了實現這些目標所需的紀律。」他開始從監獄圖書館大量借閱關於運動和營養的書籍。「我學到了關於電解質和體液的知識，開始注意自己吃的食物，並學到了如何提高自己的心理素質。我盡情閱讀，有時一個週末讀完五百頁的內容。」[17]

知識的迅速增長幫助他認識到自己的特點能如何讓他走向成功的人生，而不僅僅是犯罪。麥卡沃伊曾對ＢＢＣ說，「我的許多特點，比如求勝心和成功的欲望，我以前只在罪犯身上看過，但突然間出現了另外一群人心態是一樣的，」這群人由運動員組成，「我只需要把精力投入到正面的事情上。」[18]

這種心態上的改變（很大程度上是出自戴維斯的鼓勵）為我們說明了第三個「R」：**「重複」（Repeat）**。這是你透過不斷重複來投入並實現改變的階段，在這一階段，「**新的關係會幫助你學習、實踐並掌握你所需的新習慣和技能**」[19]。對此，很難找到比戴維斯更好的例子：不斷讚美麥克沃伊的表現，幫助他達到新的里程碑，並在遭遇困難時鼓勵他。

這些小小的鼓勵，尤其是來自你尊敬的人，能改變你的人生。就像所有高效能領導者一樣，達倫・戴維斯明白改變的關鍵在於重複：不斷提醒人們莫忘你們的關係所帶來的期望。一旦掌握了這一點，一如麥卡沃伊證明的那樣，人們就會為你赴湯蹈火，奮勇向前。

這是我們每個人都可以學習的真知灼見。如果你想改變身邊的人，不要只是一次性地告訴他們你相信他們，以及你對他們的期望。每天都要對他們說，你相信他們可以贏得比賽；你相信他們可以考出好成績；你確信他們真的可以獲得升遷。重複越多次，感覺就越真實，持久的改變建立在重複的基礎上。

合起來，這三個「R」——戴維斯首次與他建立關係的那一刻、牧師幫助他重新定義生活的時候，以及戴維斯在健身房中的反覆強調——讓麥卡沃伊踏上了一條完全不同的人生道路，它們創造了新的連結、新的思維和新的技能，為他提供了一切。

訪談接近尾聲時，麥卡沃伊向我們描述他第一次參與體育活動後的第一次假釋聽證會。「法官跟我隔桌而坐，他問：『你獲釋後打算做什麼？』」麥卡沃伊回憶道。「我說：『我要成為一名運動員。』他的眼鏡架在鼻梁上，抬眼看看我，微笑著說：『在我參與無期徒刑犯人聽證會的這麼多年裡，你是唯一一個坐在我面前這麼說的人。』」[20]

但麥卡沃伊不是隨便說說而已。當他終於在二〇一二年獲釋出獄，他做的第一件事（在吃了一頓Nando's烤雞並看望了媽媽之後）就是前往普特尼（Putney）的倫敦賽艇俱樂部，決心成為一名職業賽艇運動員，自此不再回頭過去。很快地，他將注意力轉向耐力運動和鐵人三項，最終獲得體育界巨擘Nike的贊助，並參加鐵人三項比賽。他是改頭換面的約翰．麥卡沃伊。

這位新的麥卡沃伊最喜歡做什麼呢？他想把改變傳遞出去，去啟發他人，麥卡沃伊希望他能像監獄牧師和獄警那樣改變其他人的生活。他曾形容自己的使命是透過體育的力量，幫助他人改變自身的處境：「我非常堅定，也充滿幹勁，希望其他人也有同樣的機會扭轉他們的生活，找到人生的目標和方向，」他說，「**如果我能走完這趟改變的旅程，其他人也有可能做到**。我決心幫助其他人獲得同樣的機會。」[21]

正是這種心態創造了真實而永久的改變，不是在個人層面，而是在社會層面。**改變自己的感覺很棒，改變整個社會是天底下最棒的感覺**。

麥卡沃伊從經驗中體會到了這一點。他明白當你處於最低谷，人們的小小插手是幫助你走出困境的唯一之道。「我對我在年輕時犯下的一切感到後悔，」他告訴我們，「我始終為自己的行為承擔全部責任。沒有人逼我做我小時候和成年時所做的那些事，我自己做了那些決定，現在深感後悔。」但那讓他學到了強大的一課。「我不後悔在獄中度過的那十年，」他告訴我們，「那是我成長的地方，它改變了我的心態，改變了我對人生的看法。」

課程總結

- 你如何幫助身邊的人像你一樣改變？
- 現在你已學會改變的方法，是時候把它散播出去了，從踏上改變之旅的旅人，變成**改變的創造者**。我們每個人如何幫助我們遇到的人改變他們的生活？
- 這個過程包含三個「R」。第一：「**認同**」。良好的關係是說服力的基礎，如果你能與遇見的人建立連結，你就能開始影響他們。
- 第二：「**轉念**」。幫助人們從不同的角度看待他們的問題。你會如何鼓勵他們重新審視自己的經歷？
- 第三：「**重複**」。重複是一切持久改變的基礎。如果你能鼓勵人們每天、每週重複正面的行為，那麼你不僅能改變自己的生活，也能改變他們的生活。

改變就是你的全部。

結語 》

永無止境的旅程

在混亂的彩排和繁忙的技術檢查之後，出現了片刻的寧靜。那是我們《高效能》現場節目的第一夜，我們正在後台等著歡迎數千名來賓和我們共度這個夜晚。

「你感覺怎樣？」我們其中一人問道。

「緊張。你呢？」

「糟透了。」

我們發出尷尬的笑聲，兩個男人試圖（卻徒勞無功地）在緊張的情況下故作輕鬆。這個夜晚是好幾個月籌備和好幾星期排練的成果。但更重要的是，我們用一生的時間努力向最優秀人士學習他們的高效能之旅，這一夜是我們的畢生學習成果。

我們開始納悶，我們為什麼如此緊張？經過這麼多場節目訪談，我們已明白恐懼往往披著偽裝。乍看之下，我們以為我們是在擔心自己說錯台詞、忘記某個環節或跌跤（順帶一提，我們成功做到了上述一切），但真正的原因卻隱藏在這些顧慮之下：萬一我們只是徒然站在兩千名觀眾面前卻給不出任何答案的兩個傢伙，那該怎麼辦？我們對彼此說了同樣的話，這些話在半空中懸浮了一會兒，聽起來不太妙。然後，過了半晌，達米安說：「哎呀，萬一我們就是這樣的傢伙呢？」

在這本書中，我們嘗試勾畫出改變人生的路線圖。我們探討了如何夢想一份新的生活，並向它縱身一躍。我們研究了如何克服障礙，爬上最後的頂峰。我們甚至談到了登頂之後，你該如何開始思考下一段旅程。

但是，比起我們沒有說明的部分，這些內容顯得多麼微不足道。我們沒有告訴你，需要採取哪些確切步驟來辭掉工作、尋找新夥伴或創立事業。我們也沒有提供具體的台詞，供你在艱難地向老闆說明辭職原因時使用、讓你在第一次約會時顯得更有魅力、或是向媽媽解釋你為什麼將全部積蓄投資在某個理想化的新企業上。我們沒有嘗試一舉解決你的所有問題。

但在這本書中，我們希望自己提供了一些同樣有用的東西。我們沒有答案，但是但願我們幫助了你向自己提出正確的問題，你的新生活會是什麼樣子？你為什麼會遇到這些障礙，該如何克服它們？你如何建立個人化的行為系統來幫助你登上頂峰？

我們能做的，就是提出這些問題。只有一個人能改變你的生活，那就是你。

這本書提供了一份路線圖，但閱讀地圖的人永遠是你。

沒有終點的旅程

《高效能》podcast 節目的正式開始，是在我們兩人和我們傑出的製作人芬恩（Finn）跳上火車，前往樸次茅斯（Portsmouth）採訪奧運金牌帆船選手班．安斯利爵士（Sir Ben Ainslie）時。我們是在一個寒冷、灰暗的下午，在英吉利海峽邊、靠近英力士英國隊船廠（Ineos Team UK boatyard）的一家小吃店見面的。在等待安斯利抵達時，我們漫不經心地猜測我們可能會聽到什麼樣的答案。

坦白說，我們料想節目嘉賓的談話，會像艾爾．帕西諾（Al Pacino）在電影《挑戰星期天》（*Any Given Sunday*）中發表的演說那樣激勵人心。你知道那個橋段：帕西諾向一群年輕的美式足球員發表鼓舞人心的演說，要他們「一寸寸地爬出地獄」。如果我們繼續保持坦白的話，這正是我們私心裡想要的。

我們喜歡聽到這些傑出人士和我們其他人有多大的**不同**。他們是如何拒絕在沉重的期望下折腰，如何經歷了巨大的犧牲和壓力，如何展現出我們其他人難以想像的韌性。只可惜，我們得到的答覆根本不是那麼一回事，在每一次對話中，我們都被這些非凡人士的**平凡**深深打動。

與我們大多數的人都一樣，他們也覺得改變很難，也會掙扎著想要放棄，他們也曾舉棋不定，不知道自己到底要去哪裡，不知道這樣做是否值得。那麼，我們納悶，是什麼讓高效能人士真正有別於我們其他人？

我們最終意識到，答案很簡單。這些人的動力並非來自抽象的高效能理想，他們全神貫注於旅途的樂趣。

追根究柢，旅程就是一切。「旅行會改變你，」名廚安東尼．波登（Anthony Bourdain）曾經說過，「當你走過這一生，你會稍微改變一些東西，留下一些印記，不論多麼微小。做為回報，生活──和旅行──也會在你身上留下印記。」[1] 正是人生旅程留下的這些小印記，讓你成為了「你」。

當我們的節目訪談次數從數十變成數百次，這個想法逐漸占據我們的想像空間，超過其餘一切。在早期的節目中，我們採用了菲爾．奈維爾（Phil Neville）對高效能的定義──在你所處的地方，用你所有的資源，盡你所能做到最好──我們信守這個定義。但最近，我們逐漸意識到另一件事：「你所處的地方」並非一個固定的點。

「你所處的地方」是變動不居的，**隨著我們的成長而移動**，**隨著我們接受新挑戰而移動**，**也隨著我們遇見新朋友而移動**。你不僅僅是一個正在改變的人，改變就是你的全部。這就是為什麼改變的重點從來不是目的地，重點始終在於旅程本身。

「我們要告訴他們這個嗎？」我們在禮堂側翼等待時，傑克這麼問道。

「好啊，就這麼做。」

就這樣，我們走上了舞台，進入耀眼的燈光下。

致謝

傑克

我想感謝過去四十年來幫助我打開眼界改變自己的每一個人。而我所說的，真的是指每一人，當然，其中包括我了不起的父母、妻子、子女、朋友、親人和同事，但不僅僅是他們。

感謝那些迫使我轉學的霸凌者，感謝那位以「缺乏溝通技巧」為由開除了我的麥當勞經理——他說得沒錯！感謝給了我不及格分數的高級會考閱卷老師，感謝在我職業生涯早期拒絕了我的數百名電視高層主管。

我很感激發生過的一切，不論好事壞事，因為每段經歷都造就了我們。霸凌者讓我變得堅強，速食店經理讓我看清職場的殘酷，高級會考的成績使我發奮用功，而我至今仍保留著的拒絕信則讓我珍惜每天的工作。

幫助我們改變的不僅僅是成長的正面時刻。你每天都是一個全新的人，我希望這本書能幫助你更接近你想成為的人。

達米安

感謝 Geraldine 為我們的生活催化出正面的改變。你的尖銳問題促使我思考，你在聆聽時充滿耐心，你以堅定的鼓勵鞭策我採取行動，這一切都是無價之寶，從我們在巴士站相遇迄今始終不變。我愛你。

George 和 Rose，這本書——以及我所做的一切——都是獻給你們的。你們才德兼備，無所不能，我很幸運能擁有你們的協助。我愛你們。

感謝我了不起的媽媽 Rosemarie，我出色的 Colin 叔叔，我親愛的兄弟姊妹 Anthony、Chris 和 Rachael。感謝 Mari 和 Gerry，也感謝我的姪子和姪女——Max、Jake、Ben、Joseph、Joshua、Thomas、Max 和 Annabel。

我非常感謝 Louise Jamieson 持續以你出眾的才幹來幫助我，感謝 Teddy 一年四季風雨無阻的熱情與忠誠陪伴，還要感謝我出色且沉著冷靜的文學經紀人 David Luxton。

感謝傑克使我想起魯坦多．丹尼爾（Luthando Daniel）的這句名言：「朋友是你不在場時保護你、你在場時欣賞你的那個人。」你默默說出的支持和鼓勵的話語極其珍貴，非常感激。

最後，謹以本書紀念我的姑姑 Patricia Hughes 和我的父親 Brian Hughes。您們的典範、影響和教誨將代代相傳。您們也許已離世，但永遠不會被遺忘。

傑克和達米安

我們倆想謝謝整個高效能團隊：Hannah Smith、Finn Ryan、Will Murphy-O'Connor、Eve Hill、Demi Broughton、Jemma Smith、George Goodenough、Josh Lincoln、George MacDonald、Giac Palmiero、Chloe Dannatt、Natalie Kali、Oleg Parinov 以及 Callum McDonnell。你們無窮的熱情、不屈的精神、無盡的活力和一貫的幽默感，造就了一個了不起的團隊，並產生甚至更了不起的影響。

我們也非常感謝 YMU 的大團隊，尤其是 Holly Bott、Amanda Harris 和 Rachel Baxter。感謝所有 podcast 節目嘉賓對我們的信任，並與我們分享你們令人難以置信的智慧、見解和心得。

還要感謝我們才華橫溢、永遠彬彬有禮、極有耐心的編輯 Rowan Borchers，很榮幸得到你的建議、指導和指引。同樣地，也非常感謝你對高效能訊息的信心、信任和支持。我們也要感謝企鵝藍燈出版社（Penguin Random House）整個團隊對這本書的熱情支持。

感謝那些以作品點燃了我們對高效能的興趣，並幫助我們完善論點的作者和學者。以下書籍在我們的調查研究過程中對我們產生了特殊的影響，為任何一位希望更了解正向變化的人提供了很好的起點。

艾倫．多伊奇曼的《應變求生》是這一變革主題的催化劑，他的作品總是值得細細品味。大衛．洛克（David Rock）博士的著作非常有價值，開啟了神經科學的世界，並為我們指出必要方向來探索「躍進」背後的關鍵因素。湯馬斯．維戴爾－維德斯柏關於解決問題的創新且通俗易懂的著作令人著迷，羅莎貝斯．摩斯．肯特的作品也總是引人入勝。我們也建議讀者探索奇普和丹．希思的著作《你可以改變別人》，以及李察．韋斯曼的眾多著作。

最後，我們要向廣大讀者致上誠摯的謝意。我們從來沒有忽略一個事實，那就是你們付出的時間和注意力，你們有令人眼花撩亂的選擇、消遣和需求，能夠閱讀至此，時間和注意力都不可或缺，我們不會小看這一點。我們希望閱讀這本書能讓你獲益良多，正如我們透過這本書的寫作過程得到的收穫。

附注

本書中的大部分引用來自我們的《高效能》（*High Performance*）podcast 節目採訪、文字記錄和錄音，可在網站 www.thehighperformancepodcast.com 找到。以下注釋僅包括來自其他地方的引述和案例研究。

前言 ≫ 旅程與地圖

1 Joseph Campbell, *The Hero with a Thousand Faces* (New World Library, third edition, 2012).

2 Nancy Duarte, *Illuminate: Ignite Change through Speeches, Stories,* Ceremonies and Symbols (Portfolio, 2016).

第 1 課 ≫ 你的問題出在哪裡？

1 Mihaly Csikszentmihalyi, *Flow: The Psychology of Happiness* (Ebury, 2013).

2 J. W. Getzels and Mihaly Csikszentmihalyi, 'From problem solving to problem finding', in *Perspectives in Creativity,* ed. Irving A. Taylor and J. W. Getzels (Routledge, 2017), 90–116; J. W. Getzels, 'Problem finding: a theoretical note', *Cognitive Science,* 1979, 3(2), 167–171; J. W. Getzels, 'Problem finding and the enhancement of creativity', *NASSP Bulletin,* 1985, 69(482), 55–61.

3 描述引用 Daniel H. Pink, *To Sell is Human: The Surprising Truth About Moving Others* (Riverhead,2012); 以及 2016 年 James Greig 在網站 www.greig.cc 發表的文章 'Are you solving the right problem?' 所總結的研究結果。

4 描述引用 Daniel H. Pink, *To Sell is Human: The Surprising Truth About Moving Others* (Riverhead, 2012) and James Greig, 'Are you solving the right problem?', www.greig.cc, 2016. 原始研究可見於 J. W. Getzels and Mihaly Csikszentmihalyi, 'From problem solving to problem finding', in *Perspectives in Creativity,* ed. Irving A. Taylor and J. W. Getzels (Routledge, 2017), 90–116; J. W. Getzels, 'Problem finding: a theoretical note', *Cognitive Science,* 1979, 3(2), 167–171; J. W. Getzels, 'Problem finding and the enhancement of creativity', *NASSP Bulletin,* 1985, 69(482), 55–61.

5 描述引用 Chip Heath and Dan Heath, *Made to Stick* (Random House, 2007). 原始研究見 Elizabeth L. Newton (1990). 'The rocky road from actions to intentions' (PhD thesis). Stanford University. 這個主題也在以下研究中被進一步探討：Colin Camerer, George Loewenstein and Martin Weber, 'The Curse of Knowledge in Economic Settings: An Experimental Analysis', *Journal of Political Economy,* 97 (5): 1232–1254.

6 Chip Heath and Dan Heath, *Made to Stick* (Random House, 2007). See also Chip Heath and Dan Heath, 'The curse of knowledge', *Harvard Business Review,* 2006; Chip Heath, 'Loud and Clear', *Stanford Social Innovation Review,* winter 2003.

7 Chip Heath and Dan Heath, *Made to Stick* (Random House, 2007).

8 這個描述資訊是根據 Thomas Wedell-Wedellsborg, *What's Your Problem: To Solve Your Toughest Problems, Change the Problems You Solve* (Harvard Business Review Press, 2020); as well as Thomas Wedell-Wedellsborg, 'Are you solving the right problems', *Harvard Business Review,* January– February 2017, 76–83; Thomas Wedell-Wedellsborg, *Innovation as Usual: How to Help Your People Bring Great Ideas to Life* (Harvard Business Review Press, 2013).

9 Luke Rix-Standing, 'Why Alastair Campbell is opening up about his family's history of mental health struggles', *Yorkshire Post,* 29 September 2020.

10 Alastair Campbell, *Living Better: How I Learned to Survive Depression* (John Murray, 2020).

11 Alastair Campbell, *Living Better: How I Learned to Survive Depression* (John Murray, 2020); Decca Aitkenhead, 'Alastair Campbell on madness and power: "I don't mind that I'm psychologically flawed"', *Guardian,* 15 September 2017; Sally Newall, 'Could looking at your life like a jam jar improve your mental health?', *Harper's Bazaar,* 5 October 2021.

12 Alastair Campbell, *Living Better: How I Learned to Survive Depression* (John Murray, 2020).

13 Karen A. Baikie and Kay Wilhelm, 'Emotional and physical health benefits of expressive writing', *Advances in Psychiatric Treatment,* 2005, 11(5), 338–346.

14 Joshua M. Smyth, Arthur A. Stone, Adam Hurewitz and Alan Kaell, 'Effects of writing about stressful experiences on symptom reduction in patients with asthma or rheumatoid arthritis: a randomized trial', *JAMA: Journal of the American Medical Association,* 1999, 281(14), 1304–1309.

15 坎貝爾的經歷引述自二〇一九年的紀錄片 *Alastair Campbell: Depression and Me,* BBC Two. 更多關於坎貝爾的書籍和文章敘述包含：Alastair Campbell, *Living Better: How I Learned to Survive Depression* (John Murray, 2020); Alastair Campbell, *The Blair Years* (Hutchinson, 2007); Decca Aitkenhead, 'Alastair Campbell on madness and power: "I don't mind that I'm psychologically flawed"', *Guardian,* 15 September 2017. See also Sally Newall, 'Could looking at your life like a jam jar improve your mental health?', *Harper's Bazaar,* 5 October 2021.

第2課》更好的「你」

1 查特吉描述的研究是 David A. Snowdon and Nun, 'Healthy aging and dementia: findings from the Nun Study', *Annals of Internal Medicine,* 2003, 139(5 Pt 2), 450–4. 這次訪談引述許多關於查特吉的書和文章，包含 *Feel Great Lose*

Weight (Penguin Life, 2022), *Feel Better in 5* (Penguin Life, 2021) and *The Stress Solution* (Penguin Life, 2020); as well as Vicky Allan, 'Happiness. Why Rangan Chatterjee believes it makes us healthy', *Herald Scotland,* 14 May 2022 and 'How the neardeath experience of his baby son utterly changed the way this doctor practises medicine,' *Belfast Telegraph,* 27 January 2018.

2 Sheldon Cohen, Cuneyt M. Alper, William J. Doyle, John J. Treanor and Ronald B. Turner, 'Positive emotional style predicts resistance to illness after experimental exposure to rhinovirus or influenza A virus', *Psychosomatic Medicine,* 2006, 68(6), 809–15.

3 Vicky Allan, 'Happiness. Why Rangan Chatterjee believes it makes us healthy', *Herald Scotland,* 14 May 2022.

4 Rangan Chatterjee, *Happy Mind, Happy Life* (Penguin Life, 2021).

5 到目前為止，編寫本節最重要的來源是 Héctor García and Francesc Miralles, *Ikigai: The Japanese Secret to a Long and Happy Life* (Hutchinson, 2017)，我們強烈推薦這本書；另一本重要的書是 Ken Mogi, *The Little Book of Ikigai* (Quercus, 2019). 本節也引述自 Dan Buettner's work on 'blue zones'. See Dan Buettner, *The Blue Zones: Lessons for Living Longer from the People Who've Lived the Longest* (National Geographic, 2012) and his TED Talk, 'The Blue Zones: Lessons for living longer from the people who've lived the longest'. 想更詳細了解 Ikigai 的科學基礎，可參閱 Akihiro Hasegawa et al., 'Regional differences in ikigai (reasons for living) in elderly people: Relationship between ikigai and family structure, physiological situation and functional capacity', *Japanese Journal of Geriatrics,* 2003.

6 這個練習的部分靈感來自 Mogi, *The Little Book of Ikigai.*

7 本節引述自 'Happiness', *Herald Scotland.*

8 同上

9 同上

10 Dean Keith Simonton, 'Talent and its development: an emergenic and epigenetic model', *Psychological Review,* 1999, 106(3), 435–457.

11 Joe Wicks, *Facing My Childhood,* BBC One. 這部紀錄片的主要來源是 Cole Moreton, 'Joe Wicks: The man who moved the nation', *You Magazine*, 22 November 2020.

12 Luke Benedictus, 'Interview: How Joe Wicks stopped punching walls & learned not to yell at his kids', www. the-father-hood.com, undated.

13 Cole Moreton, 'Joe Wicks: The man who moved the nation', *You Magazine,* 22 November 2020.

14 Zoe Williams, '"My heartthrob days are over": Joe Wicks on health, happiness – and training the nation', *Guardian,* 26 March 2020.

15 芭芭拉・佛列德里克森的研究引述 Chip and Dan Heath, *Switch.* 最初的研究是 Barbara L. Fredrickson, 'The role of positive emotions in positive psychology: the broaden-and-build theory of positive emotions', *American Psychologist,* 2001, 56(3), 218–26; and Barbara Fredrickson, *Positivity: Groundbreaking Research to Release Your Inner Optimist and Thrive* (Oneworld

Publications, 2011).

16 Joshi Herrmann, 'Susan Ma: from poverty in Shanghai to Lord Sugar's boardroom', *Evening Standard,* 25 July 2011. 後面段落關於馬聖潔傳授「無限賽局」（infinite game）的探討，也參考了與賽門．西奈克的一次對話。西奈克對她的工作表現出極大的讚賞。

17 同上

18 同上

19 關於「無限賽局」的描述，參考 Simon Sinek, *The Infinite Game* (Portfolio, 2019)，同時也融入我們在 podcast 中與西奈克的對談內容。

20 Simon Sinek, *The Infinite Game* (Portfolio, 2019).

21 同上

第 3 課 ≫ 環境的力量

1 Alex Scott, *How (Not) to Be Strong* (Century, 2022).

2 同上

3 這段關於阿克斯在兵工廠的描述，參考 Tom Garry, 'Vic Akers: The legendary Arsenal Ladies manager who won 10 Women's FA Cups', BBC News, 12 May 2016.

4 K. Lewin, 'Environmental forces in child behavior and development', in *A Handbook of Child Psychology,* ed. C. Murchison, 94-127 (Clark University Press, 1931). 這項研究也出現在 *Switch,* Chip and Dan Heath，我撰寫此部分內容時亦參考了該書的相關資料。

5 Paul Ekman, *Unmasking the Face: A Guide to Recognizing Emotions from Facial Clues* (Malor Books, 2003).

6 在撰寫此部分時，大衛．洛克的著作與教學提供了重要資源。他的 SCARF 模型（用於解釋社交大腦的運作方式）以簡明易懂且啟發人心的特點，成為本節內容的基礎。此外，艾維安．戈登的引言出自大衛．洛克 'Managing with the brain in mind', www. strategy-business.com, 27 August 2007。同時，他的著作 *Your Brain at Work: Strategies for Overcoming Distraction, Regaining Focus, and Working Smarter All Day Long* (Harper Business, 2020) and *Quiet Leadership: Six Steps to Transforming Performance at Work* (Harper Business, 2007)，亦是研究過程中的重要參考資料。

7 對沃靈頓一生的描述主要參考 Sarah Shephard, 'Josh Warrington, featherweight boxing champion and . . . dental technician?', www.theathletic.com, 7 May 2020. 其他來源包含 John Evans, 'Stress Management: Josh Warrington has come to terms with the demands of his profession', *Boxing News,* 7 December 2022, and John Dennan, 'Josh Warrington: a fighter's mind,

Boxing News, 6 December 2018.

8 Sarah Shephard, 'Josh Warrington, featherweight boxing champion and . . . dental technician?', www.theathletic.com, 7 May 2020.

9 同上

10 同上

11 本節主要來源是 Richard Wiseman, *The Luck Factor* (Century, 2003). 所引用的原始研究是 V. H. Medvec, S. F. Madey and T. Gilovich T, 'When less is more: counterfactual thinking and satisfaction among Olympic medalists', *Journal of Personality and Social Psychology,* 1995, 69(4), 603-10; D. Matsumoto and B. Willingham, 'The thrill of victory and the agony of defeat: spontaneous expressions of medal winners of the 2004 Athens Olympic Games', *Journal of Personality and Social Psychology,* 2006, 91(3), 568-81; and Jason G. Goldman, 'Why bronze medalists are happier than silver winners', *Scientific American,* 9 August 2012.

12 Richard Wiseman, *The Luck Factor: Change Your Luck and Change Your Life* (Century, 2003).

13 引用自 Mercedes Aranda et al., 'Relationship between organizational socialization and attitudes and behaviours in volunteers: the importance of organizational justice', *Revista de Psicología Social,* 2018.

14 主要來源是 Thorpe's life is Michael Cowley, 'A career that sets the gold standard', *Sydney Morning Herald,* 22 November 2006. 其他來源包括 'Up, up and away', *Sydney Morning Herald,* 2 July 2022; Gary Smith, 'The man with the golden feet', Sports Illustrated, 22 November 1999; and Paul Mason, 'Heroes of swimming: Ian Thorpe', *Guardian,* 15 April 2014. 也參閱 Ian Thorpe, *This Is Me: The Autobiography* (Simon & Schuster, 1998).

15 Michael Cowley, 'A career that sets the gold standard', *Sydney Morning Herald,* 22 November 2006.

16 Steven F. Maier et al., 'Behavioral control, the medial prefrontal cortex, and resilience', *Dialogues in Clinical Neuroscience,* 2006, 8(4), 397–406.

17 E. J. Langer and J. Rodin, 'The effects of choice and enhanced personal responsibility for the aged: A field experiment in an institutional setting', *Journal of Personality and Social Psychology,* 34 (2) 191–198, 1976. 想更廣泛地探索自主性、主控力和情緒之間的關係，請參閱 H. M. Lefcourt et al., 'Locus of control as a modifier of the relationship between stressors and moods,' *Journal of Personality and Social Psychology,* 41(2), 357–369.

18 引述自 Gary Smith, 'Ian Thorpe finds inspiration from a brave young friend', *Sports Illustrated,* 22 November 1999.

第4課 》 夥伴的力量

1 引述自 Liz Byrnes, 'Mel Marshall on some dark days and her message to Peaty after Rio glory', swimmingworldmagazine.com, 14 July 2021. 這段對於馬歇爾人生的敘述，參考了多年來與達米安的多次對談，以及她在二〇一六年於 UK Sport 發

表的一場精彩主題演講，當時達米安也在場。此外，研究這段關係時還參考了其他文章，包括 Craig Lord, 'Why Mel Marshall Tops Swimming World's International Coach of the Year Chart', swimmingworldmagazine.com, 28 December 2019; and Adam Peaty's book, *The Gladiator Mindset: Push Your Limits. Overcome Challenges. Achieve Your Goals* (Quercus, 2021).

2 Liz Byrnes, 'Mel Marshall on some dark days and her message to Peaty after Rio glory', swimmingworldmagazine.com, 14 July 2021.

3 同上

4 同上

5 Naomi I. Eisenberger, 'Broken hearts and broken bones: a neural perspective on the similarities between social and physical pain', *Current Directions in Psychological Science,* 2012, 21(1), 42–47; Naomi I. Eisenberger, Matthew D. Lieberman and Kipling D Williams, 'Does rejection hurt? An fMRI study of social exclusion', *Science,* 2003, 302(5643), 290–92.

6 同上

7 Vicky Pattison, *The Secret to Happy: How to Build Resilience, Banish Self-doubtand Live the Life You Deserve* (Sphere, 2022).

8 Judith Woods, 'Vicky Pattison: "Reality TV made my life . . . and ruined it"', *Daily Mail,* 21 March 2021.

9 同上

10 引述自 O. Brafman and R. Brafman, *Sway: The Irresistible Pull of Irrational Behavior* (Doubleday, 2007). 原始的研究是 David Kantor, *Reading the Room: Group Dynamics for Coaches and Leaders* (Wiley, 2012); David Kantor and Lehr William, *Inside the Family* (Meredith Winter, 2003) as well as David Kantor, 'The Family's Construction of Reality', *Family Process,* 21 (4): 483–485 (1982). 這項研究在此也有討論：Peter Senge, *The Fifth Discipline* (Century Business, 1990) and *Bill Isaacs, Dialogue and the Art of Thinking Together* (Bantam, 1999).

11 Brafman and Brafman, *Sway.*

12 引用自 Kantor, *Reading the Room.*

13 Moira Petty, 'Adventurer Bear Grylls' battle with back pain and high cholesterol', *Daily Mail,* 24 April 2007.

14 Stuart Jeffries, 'Bear Grylls: "There's no point getting to the summit if you're an arsehole"', *Guardian,* 16 February 2021 對於吉羅斯心理的探討，也參考了他本人撰寫的書籍：*Never Give Up: A Life of Adventure* (Bantam Press, 2022) and *Mud, Sweat and Tears* (Bantam Press, 2022).

15 Stuart Jeffries, 'Bear Grylls: '"You don't need muscles or good looks"', *Irish Times,* 19 February 2021.

16 Thomas Brenner and Nichola J. Vriend, 'On the behaviour of proposers in ultimatum games', *Journal of Economic Behavior & Organization,* 2006, 61 (4): 617–631.

17 Golnaz Tabibnia, Ajay B. Satpute and Matthew D. Lieberman, 'The sunny side of fairness: preference for fairness activates reward circuitry (and disregarding unfairness activates self-control circuitry)', *Psychological Science,* 2008, 19(4), 339–347. 我最初接觸到這項研究是在大衛・洛克的著作中（如前所述）。

18 Stuart Jeffries, 'Bear Grylls: "There's no point getting to thesummit if you're an arsehole"', *Guardian,* 16 February 2021.

第5課》改變的障礙

1 這段關於福瑞的生平敘述，參考我們的訪談內容以及他所著的書籍，包括 *Behind the Mask* (Century, 2022) and *The Furious Method* (Century, 2021). 我也參考這本書對他人生的敘述：Bruce Thomas, *Tyson Fury: Fighting Shadows* (independently published, 2019) and Paris Fury, *Love and Fury* (Hodder, 2022).

2 Martin Domin, 'Tyson Fury reveals he drove Ferrari towards bridge at 190mph in suicide attempt', *Daily Mirror,* 26 October 2018; 這段引述本身源自於 *The Joe Rogan Podcast*，福瑞也在我們的節目中回顧了這個故事。此外，福瑞在 *Tyson Fury Gloves Off*（Century, 2022）一書中更詳細地講述了這個故事。

3 Brené Brown, 'Brené on Day 2', *Unlocking Us with Brené Brown* podcast, brenebrown.com, 2 September 2020. 布朗的研究工作是本書的重要資料來源之一。她的著作 *Daring Greatly: How the Courage to Be Vulnerable Transforms the Way We Live, Love, Parent, and Lead* 以及 *Atlas of the Heart: Mapping Meaningful Connection and the Language of Human Experience* 值得做為參考。

4 Rosabeth Moss Kanter, 'Change is hardest in the middle', *Harvard Business Review,* 12 August 2009. 本節也依據 Rosabeth Moss Kanter, *Evolve! Succeeding in the Digital Culture of Tomorrow* (Harvard Business School Press, 2001) and Rosabeth Moss Kanter, *Leadership for Change: Enduring Skills for Change Masters* (Harvard Business School Press, 2020).

5 Dr Pippa Grange, *Fear Less: How to Win at Life Without Losing Yourself* (Vermilion, 2020).

6 引述自葛蘭琪二〇二〇年的採訪 'When Fear Shows Up: Our Expert Interview With Pippa Grange' (mindtools.com, 24 December 2020). 也參閱 Pippa Grange, *Fear Less: How to Win at Life Without Losing Yourself* (Vermilion, 2020).

7 同上

8 Dominic Fifield, 'England team "have created their own history", says Gareth Southgate', *Guardian,* 4 July 2018.

9 Emine Saner, 'How the psychology of the England football team could change your life', *Guardian,* 10 July 2018.

10 Fifield，如前。

11 Simon Mundie, 'Leadership: Eddie Jones', *Life Lessons: From Sport and Beyond* podcast, November 2021.

12 Simon Mundie, 'Observant Eddie Jones feels at home being England's outsider', *Guardian,* 1 November 2021.

13 Eddie Jones, *My Life and Rugby* (Macmillan, 2019).

14 Donald McRae, 'James Haskell: Eddie Jones is like a nuclear bomb waiting to go off', *Guardian,* 18 April 2016. 我也在研究中使用了這篇文章：Johnny Watterson, 'Eddie Jones continues to revel in putting rugby's nose out of joint', *The Irish Times,* 17 February 2020.

15 Press Association, 'England's James Haskell: "Eddie Jones knows how to get the best out of me"', *Guardian,* 12 June 2016; Donald McRae, 'James Haskell: Eddie Jones is like a nuclear bomb waiting to go off'; Paul Rees, 'James Haskell: 'There are players all around with demons in their heads"', *Guardian,* 1 October 2020.

16 Simon Mundie, 'Observant Eddie Jones feels at home being England's outsider', *Guardian,* 1 November 2021.

17 G. Loewenstein, 'The psychology of curiosity: a review and reinterpretation', *Psychological Bulletin,* 1994, 116(1), 75–98; Daniel Gilbert, *Stumbling on Happiness* (Knopf, 2006); Celeste Kidd and Benjamin Y. Hayden, 'The psychology and neuroscience of curiosity', *Neuron,* 2015, 88(3), 449–460.

18 Jonah Lehrer, 'The itch of curiosity', *Wired,* 3 August 2010; Todd B. Kashdan, David J. Disabato, Fallon R. Goodman and Carl Naughton, 'The five dimensions of curiosity', *Harvard Business Review,* September–October 2018.

19 Andy Hunter, 'Jürgen Klopp can turn doubt into belief with Liverpool Capital One Cup victory', *Guardian,* 26 February 2016.

20 Jordan Henderson, *The Autobiography* (Michael Joseph, 2022).

21 Donald McRae, 'Jordan Henderson, "I was in a very dark place. It made me a lot stronger"', *Guardian,* 1 January 2021.

22 克里斯・霍伊在我們的 podcast 中介紹了「聖誕老人問題」（Father Christmas Question）。本節中的思想大多受霍伊的導師史蒂夫・彼得斯影響，尤其是他那本非凡的著作 *The Chimp Paradox*（Vermilion, 2012），我們強烈推薦這本書。

第6課 » 重新詮釋挫折

1 引述自 Donald McRae, 'Rob Burrow: "I've had such a wonderful life. I want to make the most of the time I have left"', *Guardian,* 7 May 2021. 這段關於貝洛夫妻生活的敘述，參考了羅伯不可思議的自傳 *Too Many Reasons to Live* (Macmillan, 2021).

2 同上

3 同上

4 Ximena B. Arriaga and Caryl E. Rusbult, 'Standing in my partner's shoes: partner perspective taking and reactions to accommodative dilemmas', *Personality and Social Psychology Bulletin,* 1998, 24(9), 927–948; Igor Grossmann and Ethan Kross, 'Exploring Solomon's paradox: self-distancing eliminates the self-other asymmetry in wise reasoning about close relationships in younger and older adults', *Psychological Science,* 2014, 25(8), 1571–1580.

5 Ozlem Ayduk and Ethan Kross, 'From a distance: implications of spontaneous self-distancing for adaptive self-reflection', *Journal of Personality and Social Psychology,* 2010, 98(5), 809–829. 本節也參考 Keith Stanovich, 'The cognitive miser: ways to avoid thinking', from *What Intelligence Tests Miss* (Yale University Press, 2011). 感謝冉甘・查特吉讓我們接觸到克洛斯的研究，正是這些研究最終引領我們發現伊格爾・格羅斯曼的所羅門悖論。

6 Renee Jain, 'The way you talk to your kids and yourself matters', HuffPost, updated 29 May 2016.

7 Mark Hedley, '"People couldn't imagine it being done." Nims Purja makes the impossible routine', Square Mile, 31 August 2020.

8 Ben Morse and Celine Ramseyer, 'As he scaled world's 14 highest peaks, Nepalese climber shocked by climate change effects', CNN, 6 December 2019.

9 Dominic Bliss, 'The Nepalese Mountaineer Taking a Spiritual View to New Heights', *National Geographic,* 21 January 2021,

10 Nimsdai Purja, *Beyond Possible: One Soldier, Fourteen Peaks-My Life in the Death Zone* (Hodder & Stoughton, 2020).

11 Daniel Kahneman, *Thinking, Fast and Slow* (Penguin, 2011).

12 Matthew McConaughey, *Greenlights* (Headline, 2020).

13 Rachel Syme, 'The McConaissance', *New Yorker,* 16 January 2014.

14 同上

15 這段關於「尋解導向治療」的描述，參考 Chip and Dan Heath, *Switch* (2010) 並且也參考一小部分 Linda Metcalf, *The Miracle Question: Answer It and Change Your Life* (2006). 原始研究則參考 Steve de Shazer, *Keys to Solution in Brief Therapy* (Norton, 1985).

16 同上

17 W. J. Gingerich and L. T. Peterson, 'Effectiveness of solution-focused brief therapy: a systematic qualitative review of controlled outcome studies', *Database of Abstracts of Reviews of Effects,* 2013.

18 Rachel Syme, 'The McConaissance'.

19 同上

第7課》從行動到系統

1 這段對於伊恩・麥吉漢職業生涯的敘述，參考了他的自傳：*Lion Man: The Autobiography* (Simon & Schuster, 2010) and Tom English, *The Grudge: Two Nations, One Match, No Holds Barred* (Random House, 2011).

2 這段關於艾許・戴克斯冒險的描述是參考 Helen Coffey, 'Ash Dykes: Meet the self-taught British adventurer who's taking

on the Yangtze River', 7 March 2018; as well as Joe Ellison, '5 near-death experiences and what one adventurer learned from them', redbull.com, 20 August 2018.

3 Teresa Amabile and Steven Kramer, *The Progress Principle, Harvard Business Review,* 2011.

4 這段關於班・法蘭西斯人生的敘述，是參考這些文章：Ben Machell, 'How Ben Francis built the billion-pound fitness brand Gymshark', *The Times,* 5 December 2020.

5 以下案例研究出自 Marshall Goldsmith, *Triggers* (Profile Books, 2015). 也參閱 Thomas Goetz, 'Harnessing the power of feedback loops', *Wired,* 19 June 2011.

6 這裡的前五階段是依據悲傷五階段的研究，參考 Elizabeth Kubler-Ross and David Kessler, *On Grief and Grieving* (Simon and Schuster, 2014).

7 Dr Ceri Evans, *Perform Under Pressure: Change the Way You Feel, Think and Act Under Pressure* (Thorsons, 2019). 我們最初了解「紅區」概念，是透過紐西蘭橄欖球傳奇人物丹・卡特（Dan Carter），他曾與埃文斯一起為紐西蘭橄欖球國家隊全黑隊效力。

8 這個案例研究是參考 Malcolm Gladwell, *The Tipping Point: How Little Things Can Make a Big Difference* (Little, Brown, 2000), 也參考了 Sam Thomas Davies, 'This study reveals the tipping point in behaviour change (and how you can use it), www.samuelthomasdavies.com, 29 May 2023. 最初研究可以在這裡找到：Howard Leventhal, 'Effects of fear and specificity of recommendation upon attitudes and behavior', *Journal of Personality and Social Psychology,* 1965, 2(1), 20–29.

9 更多資訊請參閱 Roxie Nafousi, *Manifest* (Michael Joseph, 2022).

第8課 ≫ 最後衝刺

1 有關X點的討論是參考 Shawn Achor, *Before Happiness: Five Actionable Strategies to Create a Positive Path to Success* (Virgin Books, 2013). 也參閱了 Jane E. Allen, 'Adrenaline- fueled sprint makes some marathons deadly', ABC News, 21 November 2011.

2 Kate Hutchinson, 'AJ Tracey: "I had to do everything on my own"', *Guardian,* 27 October 2019.

3 同上

4 Christian Jarrett, 'How to make deadlines motivating, not stressful', BBC Worklife, 10 April 2020. 關於這個現象更廣泛的探索請參閱 A. Emanuel et al., 'Why do people increase effort near a deadline? An opportunity-cost model of goal gradients', *Journal of Experimental Psychology,* 2022.

5 Kelly Holmes, *Black, White & Gold: My Autobiography* (Virgin Books, 2008).

6 對羅賓斯作品的探究參考了她的書，包含 *The 5 Second Rule* (Post Hill Press, 2017) and *The High 5 Habit* (Hay House, 2023).

7 Gretchen Rubin, 'Mel Robbins: Author Interview', gretchenrubin.com, 1 September 2021.

8 Michael W. Kraus, Cassey Huang and Dacher Keltner, 'Tactile communication, cooperation, and performance: an ethological study of the NBA', *Emotion,* 2010, 10(5), 745–749; described in Stephanie Pappas, 'Touchy- feely NBA teams more likely to win', NBC News, 12 November 2010.

9 Mel Robbins, *The High 5 Habit: Take Control of Your Life With One Simple Habit* (Hay House, 2021).

10 這段關於康塔人生的描述，是根據我們與她的訪談內容，以及以下資料：Jan Moir, 'Johanna Konta once made her big sister cry during Monopoly', *Daily Mail,* 12 July 2017.

第9課 » 你的下一段征途

1 Harry Redknapp, *Always Managing: My Autobiography* (Ebury, 2013). 我也參閱 *Behind Closed Doors: Life, Laughs and Football* (2019) by Gary Lineker and Danny Baker and Born to Manage by Terry Venables 做為這部分研究的參考書籍。

2 Peter E. Doolittle, 'Understanding cooperative learning through Vygotsky's zone of proximal development' (Lilly National Conference on Excellence in College Teaching, Columbia, South Carolina, 2–4 June 1995); Cathrine Hasse, 'Institutional creativity: the relational zone of proximal development', *Culture & Psychology,* 2001, 7(2), 199–221; Saul McLeod, 'Vygotsky's zone of proximal development and scaffolding', Simply Psychology, 14 May 2023.

3 Daniel Coyle, *The Talent Code: Greatness Isn't Born. It's Grown* (Arrow, 2010).

4 James Kettler, 'Essex- born stand-up Russell Kane heads to Yorkshire with new comedy tour', *Yorkshire Post,* 3 May 2019.

5 同上

6 Russell Kane, *Son of a Silverback: Growing Up in the Shadow of an Alpha Male* (Bantam Press, 2019); Brian Logan, 'Russell Kane: "What am I going to do when I'm not the next big thing?"', *Guardian,* 18 September 2011.

7 James Kettler, 'Essex- born stand-up Russell Kane heads to Yorkshire with new comedy tour', *Yorkshire Post,* 3 May 2019.

8 Dave Allan, Matt Kingdon, Kris Murrin, Daz Rudkin, *What If? How to Start a Creative Revolution at Work* (Capstone, 2001).

第10課 » 傳遞出去

1 John McAvoy and Mark Turley, *Redemption: From Iron Bars to Ironman* (Pitch, 2016).

2 Niamh Lewis, 'John McAvoy: The ex-armed robber who reformed through sport in high security prison', BBC Sport, 22 October 2020.

3 Alan Deutschman, *Change or Die: The Three Keys to Change at Work and in Life* (Harper Business, 2007) and Alan Deutschman, *Walk the Walk* (Penguin, 2011).

4 Niamh Lewis, 'John McAvoy: The ex-armed robber who reformed through sport in high security prison', BBC Sport, 22 October 2020.

5 同上

6 同上

7 Alan Deutschman, *Change or Die.*

8 原始研究總結自 John Bowlby, *A Secure Base* (Routledge, 2005). 有關依附理論更容易理解的介紹可參考 Amir Levine and Rachel Heller, *Attached* (Bluebird, 2019).

9 John McAvoy and Mark Turley, *Redemption: From Iron Bars to Ironman* (Pitch, 2016).

10 John M. Gottman and Nan Silver, *The Seven Principles for Making Marriage Work: A Practical Guide from the Country's Foremost Relationship Expert* (Harmony, 2015). See also John Gottman, *The Relationship Cure: A Five-Step Guide for Building Better Connections With Family, Friends, And Lovers* (Crown, 2001).

11 Sebastian Bailey and Octavius Black, *Mind Gym: Achieve More by Thinking Differently* (HarperOne, 2014)

12 John McAvoy and Mark Turley, *Redemption: From Iron Bars to Ironman* (Pitch, 2016).

13 同上

14 Alan Deutschman, *Change or Die.*

15 Niamh Lewis, 'John McAvoy: The ex-armed robber who reformed through sport in high security prison', BBC Sport, 22 October 2020.

16 John McAvoy and Mark Turley, *Redemption: From Iron Bars to Ironman* (Pitch, 2016).

17 同上

18 Niamh Lewis, 'John McAvoy: The ex-armed robber who reformed through sport in high security prison', BBC Sport, 22 October 2020.

19 Alan Deutschman, *Change or Die.*

20 Niamh Lewis, 'John McAvoy: The ex-armed robber who reformed through sport in high security prison', BBC Sport, 22 October 2020.

21 同上

結語 » 永無止境的旅程

1 Frances Bridges, 'Anthony Bourdain's most poignant reflections on life and travel', *Forbes,* 11 June 2018.

世界冠軍的高績效人生思考

作者	傑克・漢佛瑞 Jake Humphrey 達米安・休斯 Damian Hughes
譯者	黃佳瑜
商周集團執行長	郭奕伶
商業周刊出版部	
總監	林雲
責任編輯	黃郡怡
封面設計	Javick 工作室
內文排版	洪玉玲
出版發行	城邦文化事業股份有限公司 商業周刊
地址	115 台北市南港區昆陽街 16 號 6 樓 電話：(02)2505-6789　傳真：(02)2503-6399
讀者服務專線	(02)2510-8888
商周集團網站服務信箱	mailbox@bwnet.com.tw
劃撥帳號	50003033
戶名	英屬蓋曼群島商家庭傳媒股份有限公司城邦分公司
網站	www.businessweekly.com.tw
香港發行所	城邦（香港）出版集團有限公司 香港灣仔駱克道 193 號東超商業中心 1 樓 電話：(852) 2508-6231　傳真：(852) 2578-9337 E-mail：hkcite@biznetvigator.com
製版印刷	中原造像股份有限公司
總經銷	聯合發行股份有限公司 電話：(02) 2917-8022
初版 1 刷	2025 年 1 月
定價	380 元
ISBN	978-626-7492-96-3(平裝)
EISBN	9786267492956（EPUB）／ 9786267492949（PDF）

HOW TO CHANGE YOUR LIFE: Five Steps to Achieving High Performance by Jake Humphrey & Damian Hughes

國家圖書館出版品預行編目(CIP)資料

世界冠軍的高績效人生思考/傑克.漢佛瑞(Jake Humphrey), 達米安.休斯(Damian Hughes)著 ; 黃佳瑜譯. -- 初版. -- 臺北市 : 城邦文化事業股份有限公司商業周刊, 2025.01
240面 ; 14.8×21公分
譯自 : How to change your life : five steps to achieving high performance.
ISBN 978-626-7492-96-3(平裝)

1.CST: 自我實現 2.CST: 生活指導 3.CST: 成功法

177.2　　113019505